SABINE DINKEL

Hochsensibel durch den Tag

Raus aus der Reiz-Überflutung
Gelassen durch alle Alltagssituationen

In Zusammenarbeit mit:
www.hochsensibel.org

W0277010

humboldt

INHALT

SCHÖN, DASS SIE HIER SIND

Als mir ein Freund Folgendes auf meine Facebook-Pinnwand klebte, musste ich grinsen:

Gar nichts erlebt. Auch schön.

Mozart, Tagebuch vom 13. Juli 1770!

Es ist ein Zitat des humoristischen Schriftstellers Eugen Egner aus den fiktiven Tagebüchern Mozarts. Dabei hätte es glatt aus meinen Tagebüchern stammen können. Aber andererseits auch wieder nicht. Denn ich erlebte in meinem bisherigen Leben so viel und war dadurch manchmal derartig überreizt, dass ich mich gefreut hätte, wenn ich mal längere Zeit nichts erlebt hätte.

Sie kennen das vielleicht: Täglich bekommt man es mit so vielen Informationen zu tun, von denen die meisten in der Alltagshetze oft einfach an einem vorbeirauschen. Nicht so bei mir. In mich rauschten die Informationen bis vor ca. 6 Jahren meist ungefiltert hinein: Kiloweise Stimulanz pro Sekunde, die nicht unbedingt die Saiten in mir zum Klingen brachte, die man als charmant, einfühlsam und geduldig bezeichnen kann.

Da gab es akustisches Ungemach aus dem Autoradio, quietschende Reifen auf dem Kopfsteinpflaster in meiner Straße oder die unbarmherzige Geräuschkulisse eines Durchgangsbüros.

Oft kämpfte ich mich durch optischen Schlamassel überbordender Webseiten, durch volle und lieblos eingeräumte Supermarktregale oder durch absatzfreie – und demzufolge schwer lesbare – Druck-Erzeugnisse.

Ich quälte mich mit zermürbenden Entscheidungsfindungen (Selbstständigkeit ja/nein?), mit zu vielen selbst auferlegten To-dos, gepaart mit den mahnenden Worten des inneren Kritikers in meinem Kopf. Alles wetteiferte um die Gunst meiner Sinne.

Mein Aufmerksamkeitsbudget war schnell erschöpft – und mein Organismus gleich mit.

Ich weiß noch, wie ich mich einem Bekannten gegenüber als Schneeball bezeichnete, der jeden Eiskristall mitnimmt – wie bei Tom und Jerry, wo ein Schneeball den Berg runterrollt und todsicher zur Lawine wird. Dementsprechend hörte ich mich ständig sagen „Och nö, heute nicht, ich hätte gerne heute Abend meine Ruhe."

Damals war mir noch überhaupt nicht klar, dass ich ausgeprägt hochsensibel bin. Ich hatte von dem Phänomen noch nicht einmal gehört, bis mich ein netter Kollege darauf ansprach – und ich endlich beginnen konnte, meinen Alltag und meinen Broterwerb darauf auszurichten.

Inzwischen sorge ich viel besser für mich, habe jede Menge hilfreiche Dinge gelesen, gehört, geübt, verworfen und das Beste davon in meinen Alltag integriert. Mittlerweile freue ich mich sogar über meine „Wahrnehmungsbegabung“, die, gepaart mit einer guten Selbstfürsorge, sogar ein großer Schatz ist. Einen großen Teil dessen möchte ich nun gerne an Sie weitergeben.

Darum soll es in diesem Buch gehen:

- Was ist das eigentlich – hochsensibel?
- Welche Arten von Reizen machen mir zu schaffen?
- Wie kann ich der Überstimulation vorbeugen? Und wie kann ich mir wieder heraushelfen, wenn ich mittendrin bin in der Reiz-Überflutung?
- Wie kann ich mit einfachen oder spielerischen Methoden für einen ausgeglichenen Reiz-Haushalt sorgen?
- Wie schaffe ich mir einen angenehm stimulierenden und somit geglückten Alltag?

Mehrere Dinge möchte ich diesem Buch voranschicken:

- Sie müssen sich hier nicht durch bergeweise Theorie quälen, keine komplizierten Dinge lernen oder erst ein mühsames Programm durchlaufen, um Ihren Reiz-Haushalt auszugleichen.
- Ich werde nicht in aller Ausführlichkeit darlegen, wie Hochsensibilität entsteht und welche wissenschaftlichen Beweise es dafür gibt. Dies haben schon viele andere Autoren mit großer Sachkunde getan.
- Sie können nach Herzenslust zu den interessanten Stellen mit lebenspraktischen Tipps hopsen, dürfen gerne interessengeleitet lesen und sollten keine Scheu haben, ins Buch zu schreiben oder zu malen. Ratgeber und Veränderungsprozesse müssen nicht immer „erlitten“ werden – sie dürfen auch spielerisch sein und Spaß machen!
- Denken Sie an ein schönes großes Buffet: Fühlen Sie sich eingeladen, das zu probieren, was Ihnen schmackhaft erscheint und bekommt. Sie dürfen links liegen lassen, was Ihnen nicht mundet. Alle Häppchen lassen sich auch kombinieren und durchein-

ander mischen. Und ganz wichtig: Sie sollen nicht das gesamte Buffet leer essen, denn dann wird das nichts mit der Bekömmlichkeit und reizarmem Stoffwechsel.

- Wenn Sie dann noch Lust haben, können Sie sich auf meiner Homepage ergänzende Formulare zum Ausdrucken und Üben herunterladen.
- **Wichtiger Hinweis:** Es ist wirklich sinnvoll, maximal zwei Themen gleichzeitig zu bearbeiten und zu üben, wenn Sie aktiv etwas verändern wollen. Ein Zuviel endet oft in der Überforderung, und Sie bringen sich um den Genuss einer nachhaltigen Veränderung.

Sehen Sie das Buch einfach als Ihren kleinen Langzeitbegleiter – es bleibt Ihnen genug Zeit, nach und nach das auszuprobieren, was wirklich zu Ihnen passt.

Eine von Erkenntnis gekrönte Lektüre wünscht Ihnen

Sabine Dinkel
Hochsensibler und multipassionierter Business Coach
www.sabinedinkel.de
gutentag@sabinedinkel.de

Gleichbehandlung ist mir wichtig. Doch im Sinne einer leichteren Lesbarkeit habe ich zuweilen die maskuline oder feminine Form für die 3. Person gewählt. Dies impliziert keinesfalls eine Benachteiligung des jeweils anderen Geschlechts.

ECHT REIZEND

Das vegetative Nervensystem hochsensibler Menschen lässt sich leicht irritieren. Vermeintliche Kleinigkeiten, die Normalsensible völlig kalt lassen, können Hochsensible schnell aus dem Gleichgewicht bringen. Im Alltag geraten diese immer wieder in Situationen, die sie grantig und missmutig werden lassen. Ihre Reaktionen stoßen logischerweise nicht immer auf Begeisterung und Verständnis.

Ganz gleich, wie man es dreht und wendet: Jeder Mensch kennt gewisse Reiz-Faktoren, die ihm die Stimmung verhageln. Da Hochsensible eben besonders empfindlich auf Reize reagieren, erhöhen sich für sie die Aussichten, von vermeintlich harmlosen Dingen genervt zu sein. Welche das sein können, schauen wir uns in diesem Kapitel genauer an.

Die folgenden beiden Dialoge sind weit weniger aus der Luft gegriffen, als manch einer glauben mag.

Dialog 1:
„Hast du etwa Fischstäbchen gebraten, als ich weg war?"
„Nein."
„Ich rieche es doch ganz deutlich!"
„Na gut, Freitag, kurz, nachdem du losgefahren bist. Das ist aber jetzt drei Tage her, das kannst du doch gar nicht mehr riechen. Ich habe die ganze Zeit gelüftet!"

„Und ob ich das riechen kann, alles stinkt!“
„Du stellst dich vielleicht an!“
„Du weißt genau, dass ich den Geruch nicht ausstehen kann!“
„Du warst doch drei Tage nicht da. Wenigstens dann möchten wir mal Fischstäbchen essen können!“
„Wozu hab ich dir eine Kochplatte unter das Vordach gestellt?“

Dialog 2:
„Kannst du den Apfel nicht leiser essen?“
„Wie soll ich das denn machen?“
„Du kaust so laut!“
„Aber ich hab doch den Mund zu!“
„Ja, aber das hallt so, wenn du kaust.“
„Du spinnst, soll ich den Apfel lutschen?“
„Das wäre eine Option.“

Willkommen in meiner Welt als Kind hochsensibler Eltern!

Dialoge dieser Art gab es regelmäßig: Immer, wenn meine Mutter (heimlich) ihrem Appetit auf Fischstäbchen nachgab und immer, wenn mein Vater in ihrem Beisein einen Apfel verspeiste. Fisch im Haus zu braten, war praktisch tabu. Da mein Vater jeden Tag einen Apfel aß, sah sich meine Mutter deutlich benachteiligt. Ich gebe es zu: Das klingt ziemlich verschroben. Und irgendwie ist es das ja auch. Damals hielt ich meine Eltern jedenfalls für schrullig.

Mir ist erst rückblickend klar geworden, warum meine Mutter so geräusch- und mein Vater so geruchsempfindlich war. Sie waren hochsensibel. Und nebenbei auch ziemlich introvertiert. Aber das mit den Äpfeln und den Fischstäbchen war natürlich nicht alles.

Beide waren äußerst schnell überstimuliert und hatten ihre speziellen Reiz-Auslöser, die sie zur Weißglut brachten:

- **Ihre Tochter:** Ich war angeblich erst ein Schrei-Baby und später ein Wildfang, der beim Kinderarzt um den Lesetisch rannte und sämtliche Kinder zum Mitmachen animierte.
- **Andere Menschen:** Meine Eltern mieden Menschenansammlungen und pfiffen auf Geselligkeit.
- **Arbeiten im Team:** Mein Vater hat sich früh als Tischlermeister und Restaurator selbstständig gemacht, weil ihm seine Kollegen auf den Keks gingen.
- **Zu viele Gegenstände:** Kurioserweise waren beide Sammler von schönen alten Dingen, was es nicht einfacher machte.

Weitere zahlreiche überstimulierende Faktoren kamen zusammen. Irgendwann sind sie schließlich aus der Stadt aufs Land geflüchtet, weil sie sich in einer reizarmen Umgebung einfach viel wohler fühlten.

Die genannten Situationen klingen vergleichsweise harmlos. Es gibt ja ganz andere Umstände, in denen es Hochsensible mit rasant ansteigender Stimulanz zu tun bekommen.

Einige Beispiele für Reiz-Situationen

- In öffentlichen Verkehrsmitteln
- In eng getakteten Terminen
- In Jobs mit viel Publikumsverkehr
- In großen Einkaufszentren
- Auf mehrtägigen Städtereisen
- Auf pompösen Firmen- oder Familienfeiern
- Im Trubel eines Vergnügungsparks
- Auf quirligen Volksfesten
- Auf lauten und wilden Partys

Meist sind es Anlässe, bei denen sich viele Menschen tummeln, wo es geräuschvoll und hektisch zugeht oder viel Neues auf die Sinneskanäle einströmt. Hochsensiblen wird eben schnell etwas zu viel. Wenn sie überstimuliert sind, sendet ihr Körper bald Warnsignale. Sie merken, dass sie sich nicht mehr gut konzentrieren können und dass sie starke Rückzugs-Tendenzen bekommen.

> Humor ist der Knopf,
> der verhindert, daß einem
> der Kragen platzt.
>
> *Joachim Ringelnatz*

Sie bezeichnen das selbst dann oft als „overloaded“ oder „voll wie ein Schwamm“ sein. In HSP-Foren („HSP“ steht für „Highly Sensitive Person“) habe ich auch solche Begriffe wie „Hirnschwurbel“ und „Gehirnpunk“ gefunden. Ich selber spreche gerne von „Synapsenbritzeln“ bis hin zum „Synapsenkoller“. Im Allgemeinen finde ich es gut, dem Phänomen mit ein bisschen Humor und Selbstironie zu begegnen.

Da sich Humor vor allem aus den Missgeschicken anderer speist, dürfte die Selbstironie entscheidend dazu beitragen, dass wir uns selbst aufwerten und damit unliebsame oder bedrohliche Situationen beherrschbarer machen. Noch dazu gewinnen wir durch selbstfreundlichen Humor einen gewissen Abstand, was auch sehr wohltuend sein kann.

Normalsensible sind in reiz-intensiven Situationen auch irgendwann am Limit, aber nicht in diesem Maße und nicht so schnell. Sie erholen sich rascher und erreichen bald wieder ihren als normal oder gut empfundenen Zustand, während der Hochsensible im besten Fall noch an der Energiezapfsäule hängt.

Daher empfiehlt es sich, für einen guten Reiz-Haushalt zu sorgen und individuelle Strategien gegen die Überstimulation parat zu haben.

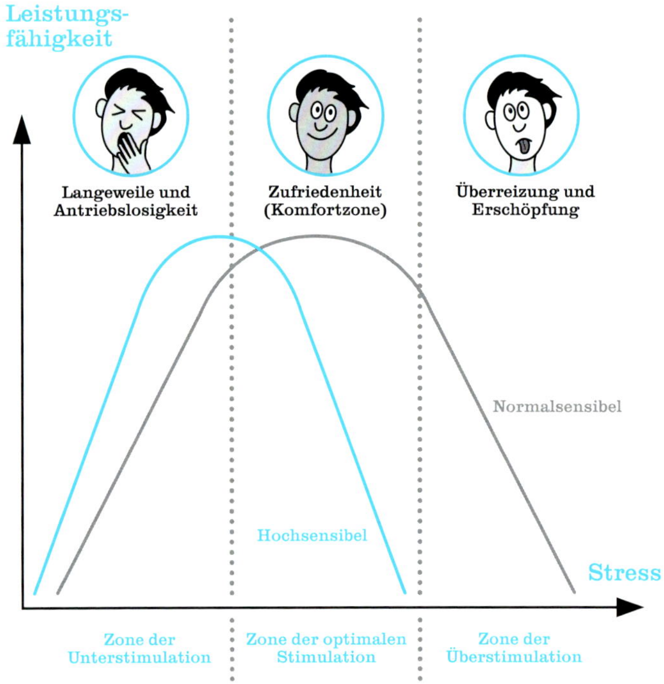

Hochsensible haben andere Stimulationsgrenzen als Normalsensible

Je besser Sie wissen, was genau Sie eigentlich reizt und überstimuliert, desto besser können Sie dem „Synapsenbritzeln“ vorbeugen. Oder sich im Falle eines „Overloads“ wieder beruhigen.

Wenn Sie die nachfolgenden Fragen spontan Ihrem ersten Empfinden nach beantworten, bekommen Sie einen vorläufigen Überblick über die Faktoren, die Sie besonders stark reizen und demzufolge leicht überstimulieren könnten. Sie können sich, mit diesen Fragen im Hinterkopf, eine Zeit lang ganz bewusst im Alltag selbst beobachten, um zu prüfen, welche Stimuli Sie besonders beeinflussen. Auf dieser Basis lassen sich eigene Strategien für einen ausgeglichenen Reiz-Haushalt entwickeln.

Test: Reiz-Faktoren – Was uns alles stimuliert

⚡ **Macht mir so gut wie nichts aus** ⚡⚡ **Kann mich an schlechten Tagen irritieren** ⚡⚡⚡ **Bringt mich meistens ziemlich durcheinander** ⚡⚡⚡⚡ **Bringt mich so gut wie immer aus der Fassung**	⚡	⚡⚡	⚡⚡⚡	⚡⚡⚡⚡
Rund um die Ohren				
Wie sehr stören Sie Geräusche, die andere beim Essen erzeugen? (Geräuschintensives Kauen und Knabbern, Rascheln von Popkorn- oder Chips-Tüten)				
Wie sehr fühlen Sie sich durch eine hohe Lautstärke beeinträchtigt? (Polizei-Sirenen, Flugzeuglärm, Hupen von Autos, laute Musik, die Sie nicht selbst ausgewählt haben)				
Wie sehr leiden Sie unter subtilen Geräuschen? (Brummen von Elektrogeräten, Sirren von Stromleitungen, Verkehrslärm aus der Ferne)				
Wie sehr stressen Sie heterogene Geräuschkulissen? (Durcheinander von Stimmen; Gespräche bei Musik; einfahrende Züge und Durchsagen in Bahnhöfen, während Sie sich unterhalten)				
Wie sehr bringen Sie gleichförmige, ständig wiederkehrende Geräusche auf die Palme? (Tropfender Wasserhahn; das Auf und Zu von Türen im Zugabteil; Piepen der Scannerkassen)				
Wie sehr reagieren Sie auf plötzliche Geräusche mit Erschrecken? (Zuschlagende Türen, plötzlicher Knall, Telefonklingeln)				
Rund um Nase und Mund				
Wie stark fühlen Sie sich von Gerüchen beeinträchtigt? (Starkes Parfum, Essensgerüche, Körpergerüche)				
Wie heftig reagieren Sie auf stark gewürzte Speisen? (Scharfes, Salziges)				

	⚡	⚡⚡	⚡⚡⚡	⚡⚡⚡⚡
⚡ **Macht mir so gut wie nichts aus** ⚡⚡ **Kann mich an schlechten Tagen irritieren** ⚡⚡⚡ **Bringt mich meistens ziemlich durcheinander** ⚡⚡⚡⚡ **Bringt mich so gut wie immer aus der Fassung**				
Wie reagieren Sie auf ungewöhnliche Speisen oder fremde Aromen? (z. B. Galgant, Tongabohnen, Rosenwasser)				
Machen Ihnen Zusatzstoffe zu schaffen? (Geschmacksverstärker, Süßstoffe, Farbstoffe)				
Wie beeinflusst Koffein Ihr Befinden?				
Wie wirkt sich Alkohol auf Ihren Organismus aus?				
Wie stark reagieren Sie auf andere Genussmittel? (Schokolade, Tabakwaren)				
Wie gut vertragen Sie frei verkäufliche Arzneimittel?				
Machen Ihnen verschreibungspflichtige Medikamente zu schaffen? (Nebenwirkungen, Dosierungen)				
Rund um die optische Wahrnehmung				
Wie sehr beeinflusst Sie optische Unruhe? (Stile, die nicht zueinanderpassen; Farben, die sich beißen; Wimmelbilder; schief hängende Bilder)				
Wie sehr wirkt ein ungünstiger Aufbau von Textinformationen auf Sie? (Uneinheitliches Layout von Schriftstücken; fehlende Lesefreundlichkeit; wirrer Aufbau oder diffuse Gliederungen; wenig Absätze)				
Wie geht es Ihnen mit überfrachteten Internetauftritten? (Unübersichtliche Menüführung; zu viele weiterführende Links; grelle Farben; Bilderfluten; Pop-ups)				
Wie sehr beeinflussen Sie die optischen Umgebungsbedingungen? (Schlechte Lichtverhältnisse; liebloses Ambiente; Unordnung, Schmutz, Durcheinander)				
Rund um die Komplexität				
Wie leicht bringt Sie die Komplexität einer Aufgabe aus der Fassung? (Unüberschaubare Projekte; Aufgaben mit langem Zeithorizont; viele lose Enden)				

⚡ Macht mir so gut wie nichts aus
⚡⚡ Kann mich an schlechten Tagen irritieren
⚡⚡⚡ Bringt mich meistens ziemlich durcheinander
⚡⚡⚡⚡ Bringt mich so gut wie immer aus der Fassung

	⚡	⚡⚡	⚡⚡⚡	⚡⚡⚡⚡
Wie leicht fühlen Sie sich durch mehrere parallel ablaufende Aufgaben gestresst? (Stichwort: Multitasking)				
Wie stark macht es Ihnen zu schaffen, wenn Sie aus vielen Optionen eine auswählen müssen? (Konfitüre im Supermarkt; Auswahl eines Essens aus der Speisekarte; Ferienhauskatalog)				
Wie sehr quälen Sie sich damit, Entscheidungen zu treffen? (Ja oder nein; zu viel Auswahl; zu viele Möglichkeiten)				
Wie stark beeinträchtigt Sie Zeitdruck? (Jemand sitzt Ihnen im Nacken; eine Deadline rauscht heran; Termine bestimmen Ihren Arbeitstag)				
Wie schnell verlieren Sie sich in der Menge von Informationen? (Im Internet, bei Büchern, in den Social Media)				
Rund um taktile Wahrnehmung und Reize von innen				
Wie sehr reagieren Sie auf Hunger oder Durst?				
Wie empfindlich reagieren Sie auf Schmerzen?				
Wie stark reagieren Sie auf Temperatur- und Klimaschwankungen? (Hitze, Kälte, Trockenheit, Zugluft, Luftfeuchtigkeit)				
Wie sehr beeinträchtigen Sie unübliche Berührungen der Haut? (Kratzige Stoffe und Nähte, einengende Kleidung oder Etiketten in Kleidungsstücken)				
Wie sehr irritiert es Sie, wenn andere mit Ihnen auf Tuchfühlung gehen? (Übertreten der Intimsphäre, Umarmungen, Knuffen und Schieben)				
Wie leicht reagieren Sie auf Dinge, die in der Luft liegen? (Pollen, Tierhaare, Dämpfe, Staub)				

	ϟ	ϟϟ	ϟϟϟ	ϟϟϟϟ
ϟ Macht mir so gut wie nichts aus ϟϟ Kann mich an schlechten Tagen irritieren ϟϟϟ Bringt mich meistens ziemlich durcheinander ϟϟϟϟ Bringt mich so gut wie immer aus der Fassung				
Wie leicht bekommen Sie Irritationen auf der Haut? (Von Kosmetikprodukten; von Farbstoffen in der Kleidung; von Schmuck)				
Rund um das Zwischenmenschliche				
Wie leicht bringt es Sie aus der Fassung, wenn Sie im Mittelpunkt stehen? (Einen Vortrag halten; sich im Meeting zu Wort melden; Gastgeber sein)				
Wie sehr stresst es Sie, mit anderen im Wettbewerb zu stehen oder sich an anderen messen zu lassen? (Sowohl im privaten als auch im beruflichen Kontext)				
Wie sehr fühlen Sie sich durch Stimmungen und Stimmungsänderungen anderer beeinträchtigt?				
Wie sehr leiden Sie darunter, wenn Menschen um Sie herum schlecht drauf sind?				
Wie sehr beeinträchtigt Sie eine große Dosis an zwischenmenschlichem Kontakt? (Besuch der Familie oder von Freunden über mehrere Tage; Teilnahme an Seminaren oder Teamentwicklungen mit abendlichem Rahmenprogramm)				
Wie leicht fühlen Sie sich von anderen vereinnahmt? (Klammern; Gruppenzwänge; sich gedrängt fühlen)				
Wie sehr beeinträchtigen Sie Wertesysteme, die Sie nicht teilen? (Political Correctness; grundlegend andere Ethik- und Moralvorstellungen; religiöse Ansichten)				
Wie sehr wühlt es Sie auf, wenn Sie gelobt oder kritisiert werden?				

Bestimmt kennen Sie noch andere Reiz-Faktoren, die hier gar nicht aufgeführt sind. Im hinteren Teil des Buches finden Sie einen kurzen Schnelltest für Ihren Umgang mit der Reiz-Überflutung.

WAS IST DENN DAS – HOCHSENSIBEL?

Es gibt Menschen, die lieben die laute, pralle Welt. Und es gibt Menschen, denen eben diese laute und pralle Welt zu schaffen macht. Sie bevorzugen das Leise und die feinen Nuancen. Einige von ihnen sind hochsensibel. Und demzufolge schnell „overloaded".

Eine typische hochsensible Reiz-Reaktion

Für manche Menschen sind äußere Reize wie ein Bach. Sie nehmen sein leichtes Dahinplätschern wahr, empfinden es nicht als störend. Für Hochsensible wird so ein Plätschern nach einer Weile schnell laut und nervig. Der Bach mutiert zu einem Fluss, schwillt zu einem reißenden Strom an. Ist Selbstfürsorge oder ein Rückzug in dem Moment nicht möglich, beginnt es richtig unangenehm zu werden. Der reißende Strom wird zu einem Wasserfall, das Hintergrundrauschen gleicht einem tosenden Sturm.

In solchen Momenten ist die Musik im Radio nur noch Krach, das Fiepen des Hundes eine Sirene, das Brummen der Laptop-Lüftung ein Dröhnen. Selbst ein Streicheln wird auf einmal unangenehm. Die Berührungen, die vorher nur leicht unangenehm waren (z. B. aufgrund rauer Hände), sind plötzlich nicht mehr zu ertragen.

Von Reizen überflutet werden. Ständig auf Empfang sein. Leicht überstimuliert sein. Das sind nur einige Dinge, mit denen es Hochsensible zu tun haben. Nahezu jeder Sinnesreiz wird von ihnen stärker wahrgenommen und gespeichert. Sogar emotionale Stimmungen fallen bei ihnen stärker aus, sowohl die angenehmen als auch die unangenehmen.

So unterschiedlich kann die Wahrnehmung sein.

Wie kann man beurteilen, ob man hochsensibel ist?

Ein echtes „Diagnoseverfahren“ gibt es noch nicht, dafür jedoch viele Forschungsprojekte. Im Internet gibt es mittlerweile zahlreiche Anlaufstellen, die Testfragen mit Auswertung anbieten, auch wenn bisher keiner dieser Tests wissenschaftlich fundiert ist. Diese Tests stellen in der Regel ca. 30 Fragen. Fast immer finden sich im Ergebnis oder in der Hochsensiblen-Literatur die folgenden Parameter, nicht nur einzelne, sondern meist viele davon:

- Hochsensible sind leicht übererregbar und schreckhaft.
- Hochsensible durchdenken vieles besonders gründlich.
- Hochsensible erleben Emotionen oft stärker und intensiver als Nicht-Hochsensible.
- Hochsensible haben nach einem anstrengenden Tag das Bedürfnis, sich zurückzuziehen.
- Hochsensible sind nicht besonders gut darin, selbstfürsorglich zu sein.
- Hochsensible nehmen sich Kritik oft sehr selbstkritisch zu Herzen.
- Hochsensible messen sich nicht gerne mit anderen.
- Hochsensible lassen sich durch Stimmungen anderer leicht beeinflussen.
- Hochsensible träumen oft intensiv und lebhaft.
- Hochsensible nehmen Feinheiten in ihrer Umgebung sehr gut wahr.
- Hochsensible sind sehr geräuschempfindlich.

Alle diese Merkmale sollen besonders häufig bei Hochsensiblen vorkommen, was aber nicht gleichzusetzen ist mit „alle Hochsensiblen sind so“ oder „Normalsensible sind das genaue Gegenteil“.

Schließlich hat jeder Mensch – egal ob hochsensibel oder nicht – eine andere „Zusammensetzung“: Eine bestimmte genetische Ausstattung, ein ihm ganz eigenes Temperament, ein bestimmtes Kontingent an Intro- und Extroversion, ihm eigene Talente und Neigungen, eine individuelle Sozialisation durch Eltern, Schule und andere Bezugspersonen, einen persönlichen Biorhythmus – und in manchen Fällen auch das eine oder andere Trauma. Es gibt eben viele Faktoren, die uns und unsere Persönlichkeit ausmachen. Und besonders unser angeborenes Temperament zieht sich wie ein roter Faden durch unser Leben.

Bei gut 15–20 % der Menschen kommt dann eben noch eine Dosis Hochsensibilität hinzu. Und diese Dosierung kann ebenfalls variieren. Der Rat, den der IFHS (Informations- und Forschungsverbund Hochsensibilität e.V.) gibt, gefällt mir gut:
Wir empfehlen, eine Weile den Gedanken, eine HSP zu sein, quasi versuchsweise „mit sich herumzutragen“ und nach einiger Zeit zu prüfen, ob sich die Lebensqualität gebessert hat oder man nach anderen Erklärungen für das besondere Lebensgefühl suchen muss.*
Auf jeden Fall kann man sich für Hochsensibilität „nichts kaufen“, weshalb eine belastbare „Diagnose“ auch keine unmittelbaren Konsequenzen hätte. Der Terminus kann allerdings helfen, dass einE BetroffeneR das eigene Leben etwas mehr der Veranlagung entsprechend gestaltet und auch von ihren positiven Seiten profitiert.

Im hinteren Teil des Buches finden Sie einen Fragebogen, mit dessen Hilfe Sie ein erstes Gespür dafür erlangen können, ob Hochsensibilität ein Thema für Sie oder jemand aus Ihrem Umfeld ist.

Ist hohe Sensibilität angeboren oder kann sich das auch entwickeln?

Bisher gehen alle Forschungen davon aus, dass wir mit dieser Ausprägung auf die Welt kommen, dass sie also genetisch bedingt ist. Das hieße, dass aller Wahrscheinlichkeit nach ein oder mehrere Vor-

---

* Hochsensible werden üblicherweise auch als „HSP“ bezeichnet. Das Kürzel stammt ursprünglich aus dem Englischen und steht dort für „Highly Sensitive Person“. Auch „SPS“ für „Sensory-processing sensitivity“ wird häufiger im wissenschaftlichen Kontext genutzt.

fahren hochsensibel waren und ihre Gene an die folgenden Generationen weitergegeben haben. Die Übererregbarkeit scheint das Kernkriterium der Hochsensibilität zu sein und alle anderen Parameter die Folgen wenig hilfreicher Bewältigungsversuche oder Ergebnisse ungünstiger Sozialisation.

Die US-amerikanische Psychologin Elaine N. Aron hat dazu maßgeblich geforscht und geschrieben. Ihr Buch „Hochsensibilität in der Psychotherapie“ (eigentlich für Therapeuten geschrieben) finde ich zu diesem Thema besonders erhellend. Spannend sind unter anderem ihre Ergebnisse in Bezug auf die weitere Prägung und Sozialisation. Nachfolgend sind sie beispielhaft in zwei Extremen dargestellt:

Beispiel 1:
Stellen wir uns vor, ein hochsensibles Baby wird geboren und landet in einer harmonischen Wohlfühlfamilie. Es ist willkommen, wächst unter guten und wohlmeinenden Bedingungen auf. Die Eltern finden eine gute Balance zwischen Ermutigung und Fürsorge, es gibt keine nennenswerten traumatischen Erlebnisse, der hochsensible Elternteil ist in guter Balance mit seiner Hochsensibilität (ob er davon weiß, ist für dieses Beispiel zunächst nicht entscheidend), das Kind wächst quasi relativ unbelastet heran. Der hochsensible Elternteil lebt ihm in Bezug auf die Hochsensibilität hilfreiche Denkstile und Bewältigungsstrategien vor, die das Kind erlernen und internalisieren (verinnerlichen) kann. Dann stehen die Chancen gut, dass sich die Hochsensibilität positiv auf den Lebensweg auswirken wird bzw. die negativen Auswirkungen von Hochsensibilität durch hilfreiches Bewältigungsverhalten gut kompensiert werden können.

Das Kind wird damit wahrscheinlich weniger Selbstwertprobleme entwickeln, weniger kritisch mit sich umgehen und weniger Perfektionismus im Leistungsbereich entwickeln, um den Erwartungen anderer zu entsprechen und um sich über diesen Weg Anerkennung zu sichern.

Beispiel 2:
Und nun stellen wir uns vor, dass das hochsensible Baby unter weniger harmonischen Bedingungen aufwächst. Der hochsensible Elternteil ist mit dem Baby vielleicht überfordert, zugleich sehr gewissenhaft und will alles richtig machen, setzt sich dabei selbst massiv unter Druck und stößt infolgedessen an seine eigenen Grenzen.

Die Eltern streiten sich regelmäßig und laut, die Stimmung ist meistens angespannt, das Kind wächst unter einer Vielzahl negativ prägender Ereignisse auf. Womöglich kommt es sogar zu richtig traumatischen Erlebnissen, weil die Eltern sich scheiden lassen. Kurzum: Dieser hochsensible Mensch wächst also zu einem großen Teil in einem Klima von Angst, Bedrückung und Unsicherheit auf.

Wir erinnern uns: Hochsensible erleben jegliche Art von Emotion, ganz gleich ob positiver oder negativer Art, sehr viel intensiver als normal Sensible.

Wachsen hochsensible Kinder also mit einem Zuviel an negativen Emotionen und einem Mangel an hilfreichen Stressbewältigungsstrategien heran, ist es ziemlich wahrscheinlich, dass sie dauerhaft mehr inneren Stress erleben und die negativen Seiten der Hochsensibilität spüren werden. So kann es zu dazu kommen, dass ihre hochsensiblen Anteile stärker in negativer Form zum Tragen kommen:

Sie sind z. B. schneller von bestimmten Reiz-Mengen überwältigt, die ein Normalsensibler noch gut ertragen kann. Sie erleben negative Gefühle sehr viel intensiver, besonders Ängste. Gleichzeitig fehlen hilfreiche Bewältigungsstrategien. Als Folge dessen wird ihr Selbstwert und ihre Selbstfürsorge eher niedrig, ihre Tendenz zum Perfektionismus und Harmoniestreben jedoch hoch sein, was wiederum ein dauerhaftes Überforderungsverhalten begünstigt.

Was ist bei Hochsensiblen anders als bei Nicht-Hochsensiblen?

Hochsensibilität wird mit einer neurologischen Besonderheit in Zusammenhang gebracht.

Das Gehirn hochsensibler Menschen soll über ein höheres Erregungspotenzial verfügen, was dazu führt, dass sie weniger externe Stimulanzien mögen und ertragen. Die Gehirnregionen, die für die Dämpfung des Erregungspotenzials zuständig sind, sind bei Hochsensiblen weniger stark ausgebildet. Das führt dazu, dass das Tor zum Bewusstsein mehr Reize als wichtig einstuft, auch wenn sie womöglich gar nicht wichtig sind. So sind sie schon unter „normalen“ Umständen dauerhaft stimuliert, was demzufolge zu akutem Stress führt. Bei Hochsensiblen zeigen sich tatsächlich höhere Konzentrationen von Botenstoffen wie Cortisol und Noradrenalin im Körper. Da ihr Gehirn quasi permanent „wach“ ist, führt diese ständige Bereitschaft dazu, dass sie leicht erschöpfen.

> Ich bin relativ wenig belastbar und, wie Yves Saint Laurent einmal gesagt haben soll „bereits mit dem Nervenzusammenbruch geboren“.
>
> *Dirk von Lowtzow (Sänger von Tocotronic)*

Sie benötigen daher auch mehr Zeit, um die aufgenommenen Reize und Informationen zu verarbeiten. Um das in Ruhe tun zu können, ziehen sie sich gerne zurück, denn gesellschaftlicher Trubel laugt sie besonders schnell aus.

Ganz wichtig: Es handelt sich weder um eine Störung noch um eine Krankheit! Der eine wird mit blauen Augen geboren, der andere mit grünen. Der eine ist Linkshänder, der andere Rechtshänder. Der eine ist normalsensibel, der andere hochsensibel.

Warum liest man so oft, dass man als Hochsensibler so schnell „reiz-überflutet“ wird?

Stellen Sie sich vor, Sie stehen an einem Samstagvormittag in einem großen schwedischen Möbelhaus (der Garant für eine hohe Reiz-Dosierung) in der Warteschlange an der Kasse.

Bewusst und unbewusst nehmen Sie wahr, wie Ihr Vordermann aussieht – ob groß, klein, dick, dünn, was er anhat und ob er sauber wirkt. Sie hören Geräusche, so z. B. das Murmeln der Menschen in der Halle, Gesprächsfetzen Ihrer Schlangennachbarn, das „Piepen“ der Scannerkassen und Ihr eigenes erschöpftes Seufzen.

Sie merken, ob jemand muffig und abgestanden oder frisch und sauber riecht, ob jemand eine Alkohol- oder Knoblauchfahne hinter sich herzieht und ob Hotdog-Geruch von den Imbissständen hinter dem Kassenbereich herüberweht. Sie gucken in die Einkaufskarren Ihrer Schlangennachbarn und bilden sich eine Meinung über deren Einrichtungsstil. Sie registrieren, ob Ihnen warm oder kalt und ob die Luft stickig ist. Sie ahnen, dass Sie in der falschen Warteschlange gelandet sind (ja, man steht gefühlt immer in der falschen Schlange), weil es schon seit einer ganzen Weile nicht mehr vorangeht. Sie merken, dass Ihnen allmählich die Füße wehtun, dass Ihnen der Magen knurrt, dass Ihre Zunge schon am Gaumen klebt und dass Ihnen leicht schwummerig wird von all der Fülle an Eindrücken. Sie bemerken eine plötzliche Gefühlsschwankung – von eben noch vorfreudig (auf die Schätze im Einkaufswagen) bis zunehmend genervt von der Stagnation an der Kasse.

So geht es vielen Menschen früher oder später in diesen Situationen Das ist nicht ungewöhnlich.

Doch haben Hochsensible schneller als andere den Kanal voll – und dann so richtig. Sprich: Sie reagieren dank ihrer genetischen „Bauweise“ noch schneller und viel stärker auf Stimulationen jeglicher Art, in etwa so, als wären bei ihnen permanent sämtliche Fenster und Türen geöffnet. Dies bewirkt, dass nahezu alle Reize ungefiltert in ihren Organismus hineinspazieren, sich dort einnisten, sich untereinander anrempeln, Krawall und Remmidemmi machen und gar nicht mehr so recht vor die Tür zu setzen sind. Die Reize benehmen sich sozusagen als die „Partycrasher“ im Körper.

Wenn Sie jetzt beim Lesen denken „Ja, so geht es mir andauernd, wenn ich es mit einem Zuviel oder einem Zulaut zu tun bekomme!“, könnte es sein, dass Sie besonders „reiz-verarbeitungsempfindlich“ und womöglich hochsensibel sind.

Wo ist der Unterschied zwischen Introversion und Hochsensibilität?

Letztendlich benötigen sowohl Introvertierte als auch Hochsensible eine „minimal-stimulierende“ Umwelt. Zwischen beiden Konzepten gibt es eine gewaltige Schnittmenge.

Introvertierte erscheinen in vielerlei Hinsicht sensibler als Extrovertierte.

Etwa 70 % der Hochsensiblen gelten laut Aron gleichzeitig als introvertiert. Die anderen 30 % der Hochsensiblen sind sozial extrovertiert, benötigen dennoch mehr Erholungsphasen als normalsensible Extrovertierte.

> „Sensibilität scheint fundamentaler angeboren zu sein, während Introversion das Ergebnis mehrerer Ursachen ist, von denen Sensibilität nur eine ist.“
>
> *Elaine N. Aron*
> *„Hochsensible Menschen in der Psychotherapie“, 2014*

Introvertierte beziehen ihre Energie aus sich selbst heraus. Sie bevorzugen eine weniger stimulierende Umwelt, weil sie – genau wie Hochsensible – eine niedrige Reiz-Schwelle haben. Sie sind schneller erschöpft als Extrovertierte, die viel mehr Reize vertragen (und teilweise sogar benötigen, um sich richtig gut zu fühlen).

Gilbert Dietrich hat in seinem Blog „www.geistundgegenwart.de" einen interessanten Beitrag zum Thema geschrieben: „Hochsensibilität und Introversion (Begriffsklärung)".

Was ist das Gute daran, wenn man hochsensibel ist?

Es gibt jede Menge positiver Effekte der Hochsensibilität. Einige davon liste ich nachfolgend auf:

- Hochsensible sind oft sehr aufmerksam und reaktionsschnell und haben eine große Detailwahrnehmung.
- Sie durchdenken Dinge und Konsequenzen sehr gründlich, sind umsichtig und vorsichtig.
- Sie haben einen sehr hohen Qualitätsanspruch an ihre Arbeit und ihre Selbstwerdung.
- Sie sind sehr selbst reflektiert und hinterfragen sich gerne und regelmäßig.
- Sie denken vernetzt, erkennen demzufolge leicht Querverbindungen und können dementsprechend gut Zusammenhänge herstellen.
- Sie haben eine rege Fantasie, sind ziemlich kreativ und zeigen Freude an ästhetisch ansprechenden Dingen.
- Sie sind oft künstlerisch oder kulturell bewandert und können gut gestalten.
- Sie sind wissbegierig und äußerst lernfreudig.

- Sie haben einen guten Spürsinn und „hören die Flöhe husten“, d.h., sie nehmen Stimmungen in besonders feinen Nuancierungen wahr.
- Sie haben oft das Bedürfnis, die Welt ein bisschen besser zu machen, sind hilfsbereit, fürsorglich und rücksichtsvoll.
- Sie sind naturverbunden, tierlieb und zeigen viel Mitgefühl mit anderen, ganz gleich ob Mensch, Tier oder Pflanze.
- Sie sind dank ihrer Empathie gefragte Gesprächspartner, weil sie gerne und interessiert zuhören können.
- Sie wirken ausgleichend und integrierend, da ihnen Harmonie sehr wichtig ist.
- Sie mögen es gerne tiefgründig und fundiert und hinterfragen viele Dinge.
- Sie können sich riesig über Kleinigkeiten freuen.

Ist das nur eine Modeerscheinung – oder wie valide ist das Phänomen der Hochsensibilität?

Auf der neurowissenschaftlichen Ebene wird dazu schon seit mehr als 20 Jahren geforscht, u.a. von Elaine N. Aron. Dass jeder Mensch über ein bestimmtes Kontingent an „Sensibilität“ verfügt, dürfte zudem niemand infrage stellen, der eine hat halt mehr und der andere weniger. Dass ca. 15 bis 20 % der Menschen (und auch der Tiere) ganz besonders sensibel sind, erscheint daher auch wenig verblüffend.

Da sich Hochsensible und Normalsensible in ihrem Erregungsgrad deutlich unterscheiden, wird an dem Phänomen etwas „dran“ sein.

Ganz gleich, ob das Konstrukt wissenschaftlich anerkannt oder der Begriff „Hochsensibel“ gut gewählt ist: Solange beides dazu dient, Menschen zu helfen, dürfte einer besseren Selbstfürsorge nichts mehr im Weg stehen.

Wie Sie (egal ob als Hochsensibler oder als „Durchschnittssensibler“) ganz konkret selbstfürsorglicher mit sich umgehen können, davon handelt dieses Buch.

! **WENN SIE FESTSTELLEN, DASS DIE ERKLÄRUNG HOCHSENSIBILITÄT ZWAR SCHLÜSSIG IST, ABER …**

… nicht alleine ausreicht, um Ihre Probleme vollständig zu verstehen,
… die Belastungen dauerhaft Ihre Lebensqualität beeinträchtigen und ein gewisses Ausmaß übersteigen,
… Ihre Selbsthilfeaktivitäten nicht zum gewünschten Erfolg führen, dann empfehle ich Ihnen, mit einem Psychotherapeuten Ihres Vertrauens zu sprechen, gemeinsam ein Erklärungsmodell zu erstellen und die für Sie passenden Behandlungsschritte daraus abzuleiten.

HANDWERKSZEUG ZUR BEKÖMMLICHEN TAGESGESTALTUNG

Der eine liebt es, früh aufzustehen, ist bereits um 6 Uhr putzmunter und voller Tatendrang. Dafür schleicht er sich auf jeder Veranstaltung und Feierlichkeit als Erster von dannen und muss sich manchmal ein Augen rollendes „Spaßbremse" gefallen lassen. Der andere kriecht erst um 11 Uhr aus dem Bett, braucht eine Stunde Anlaufzeit, um konzentriert denken zu können und dreht dafür am Abend so richtig auf. Wie unterschiedlich wir Menschen doch in unseren jeweiligen Tagesrhythmen sind!

„Wer feiern kann, kann auch früh aufstehen!" Das war ein sehr beliebtes Motto meines Vaters, der mich nach einer durchfeierten Samstagnacht gerne am Sonntag morgens um 9 Uhr aus dem Bett ekelte. Er sah überhaupt nicht ein, dass ich ausschlafen wollte, nachdem ich erst um 5 Uhr nach Hause gekommen war. Noch dazu wollte er nicht alleine frühstücken, während meine Mutter schon in aller Frühe auf irgendwelchen Flohmärkten herumgeisterte.

Ich habe es gehasst! Zumal ich noch überhaupt keinen Bissen herunter bekam. „Du kannst dich ja danach wieder hinlegen!", war sein Argument zur Güte. Aber Pustekuchen! Danach war ich zu wach, um noch mal richtig zu schlafen. Und zu müde, um richtig wach zu sein. Na toll ... So quälte ich mich also durch den Sonntag. Das war wohl der Preis, den ich für mein Vergnügen zu zahlen hatte.

Diese Zeiten sind zum Glück vorbei. Noch dazu bin ich heute schlauer und habe mir einiges Wissen über Chronobiologie und guten Schlaf angeeignet. Zum Beispiel weiß ich jetzt, dass Eltern gut daran tun, ihre Heranwachsenden ausschlafen zu lassen, da man in der Pubertät zum einen mehr Schlaf braucht und zum anderen (noch) zu den „Eulen“ gehört. Und dass sich der eigentliche „Chronotyp“ eines Menschen erst mit Eintritt ins Erwachsenenalter bildet.

> Selbst die allermeisten Durchschnittstypen kommen werktags nur mit Mühe aus den Federn. Nur die Lerchen finden den üblichen frühen Arbeitsrhythmus super.
>
> *Spork, Wake up 2014*

Da dieses hochspannende Thema den Rahmen dieses Buches sprengen würde, empfehle ich interessierten Lesern das Buch „Wake up!“ von Peter Spork. Eine Botschaft seines Buches, die für mich am wichtigsten war:

> **Alles, was unsere innere Zeitmessung unterstützt und verstärkt, ist gut für unseren Körper und unsere Seele. Und besonders für Hochsensible.**

Die Chronobiologie geht von sieben „Chronotypen“ aus, die ein jeweils eigenes Zeitgefühl und eine eigene innere Rhythmik haben. Je mehr wir über unseren ureigenen Chronotyp wissen, desto besser können wir für uns sorgen.

DIE SIEBEN CHRONOTYPEN !

Extremer Frühtyp	ca. 21.00 bis 05.00 Uhr
Moderater Frühtyp	ca. 22.00 bis 06.00 Uhr
Leichter Frühtyp	ca. 23.00 bis 07.00 Uhr
Normaltyp	ca. 01.00 bis 09.00 Uhr
Leichter Spättyp	ca. 02.00 bis 11.00 Uhr
Moderater Spättyp	ca. 03.00 bis 11.00 Uhr
Extremer Spättyp	ca. 05.00 bis 13.00 Uhr

Es handelt sich hier um eine vereinfachte Darstellung der ungefähren Zeiten, zu denen die einzelnen Chronotypen üblicherweise aktiv sind.

Auf der Seite „www.euclock.org" können Sie herausfinden, welchem Chronotyp Sie wahrscheinlich entsprechen, ob Sie zu viel oder zu wenig schlafen und wie Sie Ihren Organismus unterstützen können. Es gibt eine hilfreiche Auswertung per E-Mail – alles anonym.

Gerade wir Hochsensiblen sind mit einem Organismus ausgestattet, der auf feinste Signale und Reize reagiert, sowohl im Positiven als auch im Negativen. Wir tun also besonders gut daran, unseren Alltag, so gut es geht, im Einklang mit unseren inneren Uhren zu gestalten. Darüber hinaus habe ich nachfolgend einige hilfreiche Tipps zusammengestellt, mit denen sich Hochsensible etwas Gutes für Ihren Reiz-Haushalt tun können.

Besonders kleine Rituale haben es mir angetan. Sie bieten häufig eine sichere und beruhigende – und vor allem genussreiche – Möglichkeit, seinen Tag bekömmlich zu strukturieren.

Gut in den Tag starten

Eine hochsensible Klientin von mir sagte mal so schön „*Ich bin noch nicht richtig ausgebrütet.*“ Das war an einem Morgen, als wir gemeinsam einen viel zu frühen Coaching-Termin angesetzt hatten.

Als wir uns zum Coaching trafen, merkten wir beide schnell, dass wir lediglich körperlich anwesend und geistig noch nicht frisch waren. Wir hatten uns beide abgehetzt und waren nicht wirklich begeistert von unserem jeweiligen Tagesstart.

Auch ich brauche morgens ausreichend Zeit, um mich in Ruhe zurechtzuruckeln und in den Tag zu schlüpfen. Im Laufe meiner Selbstständigkeit habe ich verschiedene Dinge ausprobiert, um gut in den Tag zu starten. Mittlerweile achte ich viel mehr auf meinen Biorhythmus und auf bekömmliche Startbedingungen. Von meinem „Chronotyp“ her bin ich ein klassischer „Normaltyp“. Das ist der, der im Urlaub nicht vor 9.00 Uhr aufsteht und meist nicht vor 1.00 Uhr ins Bett kommt. Also weder Lerche (das sind die richtigen Frühaufsteher) noch Eule (das sind die extremen Spätaufsteher).

Dank meiner Selbstständigkeit kann ich mir den Tag weitestgehend so einteilen, wie es meinem Chronotyp entspricht. Für mein sensibles Nervenkostüm ist es wichtig, Reize von außen so lange wie möglich von mir fernzuhalten. So verhindere ich, mich gleich morgens mit Eindrücken zu überfrachten und von meinem geplanten Kurs abzukommen. Ein schlechter Tagesstart führt gerade bei Hochsensiblen oft dazu, dass sie sich komplett aus der Bahn katapultiert fühlen und jeder zusätzliche Reiz das Fass zum Überlaufen bringt.

Schauen wir doch mal, was zu einem gelungenen Tagesstart beitragen kann.

Wie man vorbeugt – Prophylaxe

Sanftes Licht zum Wachwerden

Ich nutze einen Lichtwecker zum Aufwachen. Dieser sorgt mit seiner Lampe dafür, dass es im Schlafzimmer ab 7.00 Uhr langsam aber sicher hell wird. So werde ich sanft geweckt und nicht durch ein schrilles Klingeln nachhaltig verstört. Da ich durch Licht alleine nicht schnell genug richtig wach werde, schaltet sich irgendwann lautes Meeresrauschen (manchmal wähle ich auch Vogelzwitschern) ein. Gerade für Hochsensible, die ja leicht erschrecken, kann diese Art des Aufwachens ein Segen sein.

Snoozen

Ich plane zeitlich immer ein bis zwei Runden „Snoozen" ein, sprich: Ich erlaube mir, beim Wecker maximal zweimal die entsprechende Taste zu drücken, um nach dem erneuten Eindösen im 5-Minuten-Takt später erneut geweckt zu werden. Ohne das morgendliche Snoozen fehlt mir tatsächlich was. Und da die Reize so nur in kleinen Dosierungen an mich herankommen, kann ich mich besser auf sie einstellen.

Räkeln und Gähnen

Hilfreich ist ausgiebiges Räkeln. Nehmen wir uns unsere vierbeinigen Haustiere zum Vorbild: Ohne Räkeln, Recken und Strecken nach dem Wachwerden läuft da gar nichts. Auch herzhaftes Gähnen tut Mensch und Tier richtig gut. Räkeln und Strecken tonisiert die Muskulatur, regt die Durchblutung an, Gähnen versorgt das Hirn mit mehr Sauerstoff.

Positiver Gedankenstart

Atmen Sie bewusst ein und aus und sagen Sie sich einen positiven Satz in der Gegenwartsform (Präsens). Lächeln Sie dabei, auch wenn Ihnen noch nicht nach Lächeln zumute ist.

Einige Beispiele:
Heute bin ich ganz gelassen.
Ich verbringe den Tag in guter Stimmung.
Ich strahle heute Zufriedenheit aus.
Heute habe ich viele positive Momente.
Ich sehe dem Meeting voller Neugier entgegen.

Die ersten Gedanken nach dem Aufwachen haben einen entscheidenden Einfluss darauf, wie wir in den Tag starten. Wenn wir bewusst üben, die negativen Gedanken („Dieser Tag wird bestimmt anstrengend.“) zugunsten von positiven auszuhungern, wird sich Stück für Stück ein neues neuronales Netzwerk in unserem Gehirn bilden und die positiven Gedanken können schneller abgerufen werden.

Schreiben Sie sich Ihren persönlichen Positiv-Satz ruhig auf und lesen ihn ab, bis er sitzt. Und wenn es mal nicht klappt und der pessimistische Kritiker zurückkehrt, bitte nicht ungeduldig werden. Stattdessen darüber schmunzeln und den Satz wiederholen.

Mit der Faust in die Luft greifen

Eine tolle Übung ist auch, die Arme im Liegen zur Decke zu strecken und mit den Händen eine Faust zu machen. Diese Faust ungefähr zehnmal kräftig schließen und wieder öffnen und dabei die Finger spreizen. Das pumpt so richtig Energie in den Organismus, die man zwar nicht sofort, aber mit etwas Zeitverzögerung spüren dürfte.

Frische Luft am Fenster

Sich vors geöffnete Fenster stellen, sich erneut recken und strecken und ein paar Mal tief ein- und ausatmen tut gut, auch wenn man noch müde ist. Die frische Luft regt sanft und belebend den Kreislauf an.

Genussvoll Duschen (auch kalt)

Genussvolles Duschen kann für den Kreislauf sehr erquickend sein. Duschen eignet sich besonders gut, um Anspannung und symbolisch auch Sorgen abzuspülen. Stellen Sie sich bildlich vor, wie das Wasser Ihre Anspannung wegbraust und diese im gurgelnden Abfluss davonschwimmt. Sie können auch laut Sätze sagen, wie z. B. *„Ich lasse los und spüle meine Angst vor dem Gespräch mit meinem Chef weg.“*

Besonders eine kurze kalte Dusche zum Abschluss lässt einen von einer Sekunde auf die nächste hellwach werden und an etwas ganz anders denken. Wetten? Das bedeutet natürlich eine heftige Dosis Reize, die nicht jedermanns Sache ist. Es kostet zwar oft Überwindung, ist aber ohne Zweifel eines der wirkmächtigsten Helferlein, um dem müden Körper ein wenig Leben einzuhauchen und sich gedanklich zu „resetten“. Für manchen reicht auch lauwarmes Wasser zum Abschluss.

Hinterher schön mit einem Handtuch abrubbeln – herrlich!

Warme Begrüßung für den Magen

Etwas Warmes trinken wärmt die inneren Organe durch und bringt die Verdauung in Schwung. Wenn Ihnen Kaffee am Morgen gut tut, trinken Sie ihn mit Genuss. Viele Hochsensible reagieren allerdings stärker als andere auf Koffein. Für sie hat sich Tee bewährt, der, selbst wenn er Koffein enthält, langsamer vom Körper aufgenommen und wieder abgegeben wird und somit nicht so schnell hochpuscht. Oder man nimmt Kräutertee, wenn man Koffein ganz meiden möchte. Entkoffeinierter Kaffee schmeckt übrigens auch sehr gut.

Wenn Sie den ersten Schluck trinken, spüren Sie nach, wie er die Kehle und die Speiseröhre hinab fließt und wie sich ein warmes Gefühl im Magen ausbreitet. Sagen Sie sich in Gedanken: „*Hm, was für ein schöner Moment.*“

Frühstück als gutes Fundament

Ein hochwertiges Frühstück (z. B. Müsli, Vollkornbrot) hilft dem Körper dabei, seinen natürlichen Rhythmus zu unterstützen. Die inneren Organe sind darauf eingestellt, am Morgen eine energiereiche Mahlzeit zu verarbeiten, um Ihnen den nötigen Schwung für den Tag zu geben. Ganz nebenbei werden auch die Kalorien optimal verbrannt. So hält man am leichtesten sein Gewicht.

Da Reize von innen (Hunger, Durst, Unverträglichkeiten) Hochsensible sehr beeinträchtigen können, tun Sie sich mit einem für Sie bekömmlichen Frühstück oft etwas sehr Gutes.

In den Tag tanzen

Sich morgens zu bewegen und Sport zu treiben ist nicht jedermanns Sache, auch wenn es für viele hilfreich ist, um in Schwung zu kommen. Es muss ja nicht gleich Sport am Morgen sein. Als kleine Alltagsbewegung hat sich auch bewährt: Ein schönes Musikstück auswählen und drei Minuten wild durch die Wohnung tanzen – das macht obendrein gute Laune.

Körper abklopfen

Den Körper von oben bis unten sanft abzuklopfen gibt frische Energie. Dazu eine lockere Faust machen und mit den Armen beginnen, über Brust und Bauch bis runter zu den Beinen und Füßen sanft zu klopfen. Klopfend wieder übers Hinterteil und die Taille rauf zum Kopf. Abschließend sanft mit den Fingern das Gesicht und die Kopfhaut abklopfen.

In den Himmel blicken

Vor dem Einsteigen ins Auto oder in den Bus sollten Sie unbedingt eine kleine Weile in den Himmel schauen. Atmen Sie tief ein und aus. Der Blick in den Himmel sorgt dafür, dass Sie einen reizarmen Anblick genießen (aber nicht in die Sonne schauen). Zusätzlich können Sie diesen Fernblick z. B. mit folgenden Gedanken verbinden:

Angenommen, es ist bewölkt. Führen Sie sich vor Augen, dass über den Wolken die Sonne scheint und dort alles wunderbar hell und freundlich ist. Atmen Sie tief durch und freuen Sie sich darauf, dass die Wolken auch hier unten nicht von ewiger Dauer sind.

Flottes Gehen und Treppen steigen

Der Klassiker schlechthin: Eine Haltestelle früher aussteigen oder etwas weiter weg als üblich das Auto parken, um einen kleinen Fußweg an der frischen Luft einzubauen, tut sehr gut. Oder die Treppen nehmen, statt Aufzug zu fahren, gibt das gute Gefühl, schon etwas für Herz, Kreislauf und Beinmuskeln getan zu haben.

Wenn man mittendrin ist – der Notfall-Plan

Angenommen, Sie haben verschlafen. Oder Sie haben zu oft gesnoozt und sind jetzt in Hektik. Oder ein wichtiger Anruf kommt dazwischen, der Sie Zeit gekostet hat.

Alle vorher genannten Tipps sind natürlich nach wie vor hilfreich, doch aufgrund der Zeitnot sind jetzt Ihre Rahmenbedingungen verschärft. Damit Sie trotzdem einigermaßen gut starten können, hier ein paar Tipps:

Innehalten

Wenn Sie merken, dass Sie total hektisch werden, weil Ihnen die Zeit unter den Nägeln brennt, ist es Zeit, sich antizyklisch zu verhalten und einmal kurz zu besinnen. Setzen Sie sich dazu ordentlich auf einen Stuhl oder in einen Sessel.

! **ÜBUNG: SICH BESINNEN**

Legen Sie die rechte Hand auf Ihren Bauch in Höhe des Bauchnabels und atmen Sie nach folgendem Muster (4-6-8-Technik):

1. Beim Einatmen bis 4 zählen.
2. Luft anhalten und bis 6 zählen.
3. Beim Ausatmen bis 8 zählen

Stellen Sie sich folgende Fragen:

- Was liegt heute an, und welche Termine habe ich?
- Was ist das Schlimmste, das mir passieren kann, wenn ich zum ersten Termin zu spät komme?
- Was genau wäre daran so schlimm?
- Bin ich bereit, die Konsequenzen auf mich zu nehmen?

Das ist sehr viel wertvoller, als wie ein aufgescheuchtes Huhn durch die Wohnung zu rennen und ein Missgeschick nach dem anderen zu fabrizieren (Sachen umwerfen, sich an Ecken und Kanten stoßen, mit dem Fuß umknicken, stolpern etc.).

Pufferzeit gewinnen

Überlegen Sie gezielt, ob Sie Ihren ersten Termin vielleicht verschieben können. Oder ob Sie irgendwo Bescheid geben können, dass es etwas später wird. Wenn ja, haben Sie einen Zeitpuffer gewonnen. Wenn nein, gilt es, die Prioritäten zu verschieben und irgendwo Zeit „einzusparen“.

Wasser trinken

Trinken Sie ein großes Glas lauwarmes Wasser, um Ihren Kreislauf und Ihr Denkvermögen zu unterstützen. Außerdem wirkt das Schlucken positiv auf Ihren Entspannungsnerv (den Parasympathikus).

Katzenwäsche praktizieren

Sollten Sie trotzdem duschen wollen (oder müssen, je nachdem), lassen Sie z. B. die Haarspülung ausfallen, um Einwirk- und Ausspülzeit zu vermeiden. Es gibt sehr gute Sprühspülungen, die im Haar verbleiben, die sollten Sie immer im Haus haben. Manchmal reicht es auch, die Haare mit Trockenshampoo und Lockenstab aufzufrischen.

Styling Quickies nutzen

Für Frauen, die sich schminken: Das können Sie auch später nachholen – entweder im Auto an der roten Ampel oder zwischendurch in der Firma. Ihrem Gegenüber fällt meist nicht einmal auf, wenn Sie nicht geschminkt sind. Ein bisschen roséfarbener Lippenpflegestift erfrischt das Gesicht schon herrlich unaufgeregt.

Für Männer, die sich rasieren: Überlegen Sie, ob es heute auch ohne geht. Was schaden Ihnen Bartstoppeln im schlimmsten Fall? Und was nützt es Ihnen im besten Fall, sich unter Zeitdruck zu rasieren? (Denken Sie an all das Blut auf dem Hemdkragen ...)

Bewährte Kleidung auswählen

Wählen Sie Kleidung aus, die sich bewährt hat. Probieren Sie in der Hektik keine neuen und ungewohnten Kleidungsstücke aus. Sie würden viel zu viel Zeit damit vertrödeln, das Kleidungsstück durch passende Accessoires und Schuhe zu ergänzen.

Heißgetränk to go

Wenn Sie auf den Koffein-Schub am Morgen nicht verzichten wollen, holen oder machen Sie sich einen Coffee to go. Ich habe für solche Fälle immer einen Thermobecher zu Hause. Daran nippen Sie dann in der Bahn, im Auto oder beim Gehen. Das ist immer noch besser, als durch Koffein-Entzug nachhaltig vom Organismus und den inneren Reizen (Entzug) zusätzlich gestört zu werden.

Snack to go

Für den Fall, dass das Frühstück ausfallen muss, empfehle ich, einen Vorrat an hochwertigen Nuss- oder Müsliriegeln im Haus zu haben. Die können Sie auch unterwegs knabbern, um dem Hunger zumindest die Spitze zu nehmen. Vielleicht haben Sie Glück und auf Ihrer Rennstrecke liegt ein Bäcker. Kurz anhalten und reinspringen ist immer noch besser, als hungrig und unterzuckert in den ersten Termin zu stolpern.

Fazit

Es lohnt sich immer, sich zwischendrin kurz zu besinnen, um so die Reiz-Überflutung in Grenzen zu halten und sich zu sammeln. Indem Sie kurz innehalten und sich aus der Situation herausnehmen, betrachten Sie die Angelegenheit quasi von oben. Das kann Ihnen helfen, neue Handlungsmöglichkeiten zu entdecken. Auch merkt man dann oft, wie absurd das Ganze für jemand Außenstehenden anmuten dürfte. Sollten Sie an solch einem Tag sehr müde und völlig durch den Wind sein, kommt im nachfolgenden Kapitel Abhilfe.

Ohne Reiz-Überflutung durch den Tag kommen

Vor einigen Jahren bekam ich beim Friseur mal einen kuriosen Dialog mit:
Kundin zur Friseurin: „Stell dir vor, gestern renne ich auf die letzte Minute zur U-Bahn und bekomme erst im Abteil mit, dass ich noch die stinkende Mülltüte in der Hand halte. Dabei wollte ich die doch vor dem Haus in die Tonne werfen!“
Großes Gelächter.
Daraufhin die Friseurin: „Das geht ja noch, mir ist es einmal passiert, dass ich im Bus darauf angesprochen werde, dass mir ein Wattestäbchen aus dem Ohr guckt!“

Kein Witz, diesen Dialog hat es wirklich so gegeben. Ich weiß noch genau, wie der ganze Salon vor Vergnügen wieherte. Wir konnten gar nicht begreifen, dass einem solche kuriosen Dinge passieren, ohne dass man sie mitbekommt.

Morgens kopflos in den Tag zu starten, kann in seltsame Handlungen münden. Zum Beispiel, dass wir uns Haarspray statt Deo unter die Achseln sprühen. Oder ein Hundeleckerli statt einer Nuss in den Mund stecken. Weitaus harmloser, wenn auch nervig, sind Briefe, die man den ganzen Tag mit sich rumschleppt, ohne sie in den Briefkasten zu werfen; vergessene Pausenbrote, die auf dem Küchentisch ungegessen vor sich hintrocknen; Socken, die nicht zueinanderpassen oder der Coffee to go, den man sich im Auto über die Hose gießt.

Das geht natürlich nicht nur Hochsensiblen so. Gleichwohl sind sie dank ihrer ungünstigen Filterfunktionen meist schneller überreizt und können hervorragend von jetzt auf gleich kopflos und hektisch werden. Schade nur, dass hektisch in den Tag zu starten, nicht wirklich froh macht. So wie der Tag startet, läuft er ja meistens weiter.

Schauen wir mal, was Sie noch tun können, damit Sie während des Tages selbstfürsorglicher mit sich umgehen und sich besser fokussieren und so die Gefahr der Überstimulation minimieren.

Wie man vorbeugt – Prophylaxe

Vorabend-Check

Ich lege Ihnen ans Herz, bereits am Vorabend zu prüfen, was am nächsten Tag eigentlich alles anliegt. Falls das einmal nicht klappt, sollten Sie sich zumindest zu Beginn des Tages Zeit dafür nehmen:

- Welche Termine habe ich heute?
- Welche Aufgaben müssen heute unbedingt erledigt werden, weil sie wirklich keinen Aufschub vertragen?
- Welchen Schwerpunkt setze ich mir heute?

Ich setze mich bereits am Abend vorher vor meinen Terminkalender und meine To-do-Liste, um absehen zu können, was am nächsten Tag auf mich zukommt. Am Morgen frische ich meinen Überblick nochmals kurz auf, da es immer mal wieder vorkommt, dass sich über Nacht neue Gedanken dazu ergeben haben.

Mini-Max-Planung

Für eine selbstfürsorgliche Tagesplanung ist es wichtig, den Tag nicht mit Terminen und zu vielen Aufgaben von der To-do-Liste zu überfrachten. Sprich: Ihre Planung hängt maßgeblich davon ab, wie viele Termine oder unverhoffte Aktionen Ihr Tag mit sich bringt.

Hierzu finden Sie im Kapitel „Selbstfürsorge – Nicht nur im Home-Office“ eine ausführliche Beschreibung.

Multitasking vermeiden

Was viele Hochsensible immer wieder überreizt werden lässt und ernsthaft stresst, ist das zu recht kritisierte Multitasking. Es soll nur einen geringen Prozentsatz Menschen geben, denen es wirklich gelingt, mehrere Dinge zeitgleich zu erledigen. Alle anderen glauben nur, dass sie Aufgaben zeitgleich lösen. In Wirklichkeit springen sie in ihren Aufgaben permanent hin und her – und können ihre Aufmerksamkeit nicht durchgängig einer Tätigkeit widmen.

Beispiel:
Während ich gerade an einem Angebot feile, klingelt das Telefon. Um das Telefonat anzunehmen, lasse ich mein Angebot liegen und unterbreche meine Denkarbeit. Während ich telefoniere, kann ich überhaupt nicht an dem Angebot weiterarbeiten. Wenn ich das Telefonat beendet habe und mich wieder dem Angebot widme, muss ich mich zunächst anstrengen, um mich erneut hineinzudenken. Womöglich kommt genau in dem Moment, wo ich den roten Faden wieder aufgenommen habe, ein Kollege zur Tür herein mit den Worten: „Kann ich dich mal eben was fragen?“

Diese Art des Hin- und Herspringens der Aufmerksamkeit kann unseren Geist, besonders das Arbeitsgedächtnis sehr schnell erschöpfen und überreizen. Toxischer Stress ist die Folge. Und das unbefriedigende Gefühl, nichts richtig zu Ende zu bringen.

Es gibt Jobs, die sind einfach darauf angelegt, von einer Aufgabe zur nächsten zu springen, z. B. immer dann, wenn Telefonsupport eine Rolle spielt oder man viel mit Menschen arbeitet (z. B. am Empfang, in der Kranken- und Altenpflege). Hier sollten die Mitarbeiter dahin gehend geschult und unterstützt werden, wie sie einen guten Umgang mit den wechselnden Anforderungen finden.

Doch in vielen Jobs können wir Multitasking tatsächlich eindämmen oder ganz vermeiden – sofern wir uns und unser Umfeld disziplinieren. In den nachfolgenden Kapiteln finden Sie dazu weiterführende Tipps.

! **UNTERBRECHUNGEN MACHEN MÜRBE!**

Machen wir uns doch mal bewusst, was bei einer Unterbrechung während einer schwierigen Aufgabe passiert:

Jede Unterbrechung von ca. 3 Sekunden führt laut einer Studie der Michigan State University dazu, dass wir die Fehlerquote verdoppeln! Denn die Aufmerksamkeit wird von der einen Aufgabe auf die andere gerichtet, sodass auch kurze Unterbrechungen furchtbar störend wirken.

(Quelle: http://msutoday.msu.edu/news/2013/brief-interruptions-spawn-errors/)

Bis wir wieder in der vollen Konzentration für die ursprüngliche Aufgabe sind, können locker drei bis acht Minuten vergehen. Doch meistens werden wir eh erneut unterbrochen.

Multitasking und Perfektionismus

Gerade Hochsensible sind oft darum bemüht, keine Fehler zu machen. Nicht selten sind sie sogar ausgeprägt perfektionistisch. Wenn sie sich also immer wieder unterbrechen lassen, geraten sie leicht in einen Teufelskreis:

- „Oh nein, ein Fehler! Da muss ich unbedingt nachbessern!“
- Ihnen läuft durch das Nachbessern die Zeit weg.
- Das merken sie und fühlen sich gestresst.
- Ihr Hirn läuft auf Hochtouren, um die Reize zu verarbeiten.
- Neue Reize durch Gedankenstress oder durch äußere Stressoren kommen hinzu.
- Weitere Fehler passieren, die nun auch wieder ausgebügelt werden müssen.
- Der Teufelskreis dreht sich.

- Der Cortisol-Spiegel im Blut steigt und steigt ...
- Wenn dann noch der innere Kritiker mit Selbstvorwürfen los wettert, ist bald gar nichts mehr zu retten (aber das ist ein anderes Thema ...).

Zum Thema Unterbrechungen und Multitasking gibt es eine wunderbare Broschüre im Internet von der Bundesanstalt für Arbeitsmedizin:
http://www.baua.de/de/Publikationen/Broschueren/A78.html

Pause machen, bevor man sie braucht

Damit wir nicht im Stressmodus stecken bleiben oder erst dann eine Pause machen, wenn wir längst erschöpft sind, ist es wichtig, Pausen bewusst einzubauen. Dazu ist es gut zu wissen, wie es mit dem Energie-Niveau aussieht. Wir Menschen „funktionieren" in Zyklen.

EIN TYPISCHER ZYKLUS BESTEHT AUS FÜNF PHASEN UND DAUERT INSGESAMT CA. 90 MINUTEN !

1. der Aufstieg (wir grooven uns ein),
2. das Zwischenhoch (wir sind mittendrin),
3. der Gipfel (wir haben unsere beste Zeit),
4. der Abstieg (wir lassen langsam wieder nach),
5. das Zwischentief (der Körper sendet verschärft Signale) und das Ganze beginnt wieder von vorn ...

Auch wenn Sie sich noch so sehr einreden, dass Sie noch voll leistungsfähig sind, sind Sie es ab einem bestimmten Punkt nicht mehr. Ja, selbst dann, wenn Sie vermeintlich Energie ohne Ende haben oder glauben, es sei ja alles nicht so schlimm. Unser Körper hat da nämlich auch noch ein Wörtchen mitzureden.

Darum ist es wichtig, eine Pause zu machen, auch wenn wir meinen, noch keine zu brauchen. Denn es ist nicht relevant, ob wir subjektiv etwas als Stress empfinden, sondern relevant ist, was unser Körper als Stress empfindet.

Dazu müssen wir über Cortisol sprechen.

Cortisol ist ein körpereigenes Hormon, das bei Stress vermehrt freigesetzt wird.

Immer, wenn Sie die Zyklen ignorieren, die einfach eine Tatsache sind, reagiert der Körper mit einer Stressreaktion, weil er über seine aktuellen Kräfte geht. Der Körper schüttet Stresshormone aus. Cortisol ist eins davon und gilt als Gradmesser für chronischen Stress. Ist dieses Hormon über lange Zeit erhöht, wird unser Organismus geschwächt. Wir haben ihn zu lange toxischem Stress ausgesetzt. Wir kriegen andauernd eine Erkältung, klagen über unser löchriges Hirn, können nicht mehr abschalten und schlafen immer schlechter.

Es ist auch überaus wertvoll, eine anständige Mittagspause einzulegen, die mindestens 30 Minuten dauert. In dieser Pause sollten Sie etwas „Anständiges“ essen, damit Sie Ihren Organismus und Ihren Stoffwechsel unterstützen.

Gleichartige Aufgaben bündeln

Gleichartige Aufgaben zu bündeln ist eine hilfreiche Art, konzentrierter zu arbeiten.

Beispiele:

- *E-Mails in einem Rutsch bearbeiten.*
- *Telefonate erledigen, wenn man eh gerade in Rede-Laune ist.*

- *Themen für Rücksprachen mit Kollegen sammeln, um diese gebündelt zur Sprache zu bringen und den anderen nicht mit „Kann ich dich kurz mal was fragen“ aus seiner Aufgabe herauszureißen.*

Denn auch wir tun gut daran, andere nicht in ihrem Arbeits- und Denkfluss zu stören.

Abwechslung pflegen

Gleichzeitig ist es wertvoll, diese Arbeitsbündel abwechslungsreich zu gestalten, sprich: Stille Arbeit sollte sich nach Möglichkeit mit weniger stiller Arbeit abwechseln. Routinetätigkeiten wechseln sich idealerweise mit Nachdenk- oder kreativen Arbeiten ab. So steigen die Chancen, in einem guten Modus zu bleiben und die Stimulation in einem angemessenen Maß zu halten.

Wenn man mittendrin ist – der Notfall-Plan

Es gibt immer wieder Tage, da ist man geistig oder körperlich einfach nicht auf der Höhe. Man kommt nicht dazu, für ausreichend Schlaf zu sorgen oder schöpft in der Nacht keine neue Kraft. Man schleppt sich müde zur Arbeit und dort durch die Gegend. Um mit möglichst wenig Nebenwirkungen durch solche Tage zu kommen, hier ein paar Tipps:

Mini-Max: soviel wie nötig – so wenig wie möglich

Wenn es Ihr Job erlaubt, arbeiten Sie heute mal nach dem Mini-Max-Prinzip: Streichen Sie alles weg, was keine Auswirkungen hat, wenn Sie es heute nicht erledigen. Die Wahrscheinlichkeit für unnötige Fehler und zusätzliche Nachbesserungsarbeit können Sie so minimieren. Und das ist ja auch schon viel wert.

Leichte Aufgaben bevorzugen

Aufgaben, bei denen Sie nicht so viel nachdenken müssen, sind für solche Tage ideal. Schauen Sie doch mal, welche Routinen heute abgearbeitet werden könnten. Vielleicht haben Sie noch Dinge zu sortieren oder aufzuräumen. Diese Art von Arbeit kann für solche Tage sehr hilfreich sein.

Termine absagen

Termine und Verabredungen, die nicht unbedingt sein müssen, sollten Sie möglichst absagen oder verschieben und stattdessen lieber früher Feierabend machen und zeitig ins Bett gehen. Je nachdem, um welche Art von Termin es sich handelt, ist das Gegenüber vielleicht selber froh, etwas anderes machen zu können, wenn der Termin verschoben wird. Und die Chancen steigen, dass das nächste Treffen von viel mehr Energie und Aufmerksamkeit profitiert.

Nickerchen einbauen

Versuchen Sie, zwischendrin ein kurzes Schläfchen in Ihren Tag einzubauen, auch bekannt als „Power-Napping“.

! **SIEBEN GUTE GRÜNDE FÜR EIN NICKERCHEN**

1. unser Kurzzeitgedächtnis wird erfrischt,
2. unsere Konzentrationsfähigkeit steigt,
3. unsere Leistungsfähigkeit steigt,
4. unsere Fehlerquote sinkt,
5. unser Herzinfarktrisiko sinkt,
6. unsere Laune steigt, da wir Glückshormone produzieren,
7. unser Gewicht bleibt konstant (bei Stress und Müdigkeit greifen wir sonst oft zu Süßkram),

... und manchmal beizt so ein Nickerchen auch eine wunde Seele ab.

Wenn Sie in der Firma keinen Ruheraum haben, empfehle ich das „stille Örtchen“ (das wird Ihnen in diesem Buch häufiger begegnen). Dort können Sie sich in Ruhe einschließen, den Toilettendeckel runterklappen und Platz nehmen.

POWER-NAPPING – SO GEHT'S !

- Um rechtzeitig wieder aufzuwachen, empfiehlt es sich z. B. den Timer auf dem Smartphone zu stellen (maximal 20 bis 30 Minuten, damit Sie nicht in die Tiefschlafphase rutschen).
- Sie können aber auch einen Schlüsselbund in der Hand halten, der automatisch runterfällt, sobald Sie in eine tiefere Schlafphase gleiten.
- Beugen Sie sich vor, mit den Armen auf den Oberschenkeln. Oder lehnen Sie sich mit dem Kopf an die Wand zurück. Je nach Vorliebe.
- Schließen Sie die Augen, atmen Sie tief durch und lassen Sie langsam locker.
- Lassen Sie Ihre Gedanken ziehen und steigen Sie langsam auf den „Schlummerzug" auf.
- Wenn der Timer klingelt oder Ihr Schlüsselbund zu Boden fällt, werden Sie leicht erschreckt aus dem Schlummer erwachen.
- Sie werden vermutlich ziemlich erfrischt sein.

Man kann sich in der Pause z. B. auch in sein Auto setzen und sich dort ein solch kleines Schläfchen gönnen. Weitere Ideen finden Sie im Kapitel „Reiz-Imprägnierung am Arbeitsplatz“.

Koffein in der Aufstiegs-Phase nutzen

Wenn Sie in einer Aufstiegs-Phase (siehe oben genannte Zyklen-Tabelle) mit Koffein nachhelfen (und nicht erst dann, wenn Sie in Ihr natürliches Leistungstief gehen), kann das für Ihren Energiehaushalt sehr unterstützend sein.

Tageslicht nutzen

Es ist gut, trotz der Müdigkeit ans Tageslicht zu gehen, damit Sie Ihrem Körper signalisieren, dass noch nicht Schlafenszeit ist. So unterstützen Sie die innere Uhr Ihres Organismus. Wenn das nicht möglich ist, helfen Tageslichtlampen (siehe hierzu auch Kapitel „Selbstfürsorge – Nicht nur im Home-Office"). Auch hilft es, ein belebendes Mittagessen und viel Obst zu essen.

Viel trinken

Damit Ihre Zellen ausreichend versorgt sind, ist es immer gut, viel zu trinken (2 Liter am Tag). Natürlich hilft das Trinken auch, wenn Sie nicht übernächtigt sind. Zu wenig zu trinken kann für ungute Überstimulation sorgen, z. B. durch Kopfweh, Bauchgrummeln oder schlechtes Denkvermögen.

Abklopfen

Klopfen Sie sich zwischendurch ab. Das geht so:

- Machen Sie mit der rechten Hand eine lockere Faust.
- Klopfen Sie mit dieser zunächst Ihren linken Arm von unten bis oben ab.
- Dann wechseln Sie die Hand und beklopfen den anderen Arm.
- Dann geht es weiter zur Brust, runter zum Bauch, über den Po und die Beine bis hin zu den Füßen.
- Dann wandern Sie klopfend wieder über den Körper nach oben.
- Das Gesicht und die Kopfhaut betrommeln Sie leicht mit den Fingerspitzen, Klopfen ist da zu heftig.

Schüttelübung

Beginnen Sie leicht in den Knien zu wippen, dann die Arme dazu zu nehmen und den Körper mehr und mehr in eine lebhafte Schüttelbewegung zu bringen. Immer wenn Sie ausatmen, stellen Sie sich vor, verbrauchte Energie abzugeben. Immer wenn Sie einatmen, stellen Sie sich vor, frische Energie zu tanken. Beenden Sie diese

Übung, indem Sie immer langsamer schütteln und die Bewegungen sacht ausklingen lassen. Danach noch einen Moment nachspüren.

Kopfharke nutzen

Das war eine Zeit lang sehr in Mode: eine Kopfharke. Das sind diese lustigen Drahtgebilde, mit denen man sich den Kopf kraulen kann. Das Gefühl ist unbeschreiblich – und vor allem unbeschreiblich belebend. Besorgen Sie sich doch mal so eine Kopfharke: Sie kosten nicht viel und macht wirklich lustige Gefühle (und Gänsehaut). Das ist eine ganz besonders Form der Überstimulation, die sich sofort aufputschend auf den müden Organismus auswirkt.

Gut in den Feierabend und in die Nacht hinein gleiten

„Schlafen kann ich, wenn ich tot bin!“ Diesen Spruch haben Sie bestimmt schon mal gehört. Vielleicht haben Sie ihn sogar selbst schon mal benutzt oder nutzen ihn auch noch.

Gesagt haben soll das der Autor, Regisseur und Schauspieler Rainer Werner Fassbinder, der vor allem eines war: arbeitswütig. Was er in diesem Moment des Ausspruchs sicher nicht ahnte, war, dass er mit 37 Jahren seinen Dauerschlaf antreten würde – Herzstillstand.

Viele von uns haben leider verlernt, im Einklang mit unserem biologischen Rhythmus zu leben. Gerade Hochsensible sind leicht aus der Fassung zu bringen. Sie sollten noch mehr als Normalsensible darauf achten, sich gut und mit minimalem Aufwand zu regenerieren. In anderen Büchern (z. B. „Zart besaitet“ von Georg Parlow) wird gerne vom sensiblen „Kleinkindkörper“ gesprochen, der besonderer Fürsorge bedarf. Dieses Bild finde ich ganz hilfreich.

Chronischer Schlafmangel und das Durcheinanderwirbeln unserer innerer Taktung (z. B. durch zu trübes Licht am Tag und zu grelles Licht am Abend und in der Nacht) soll zu den größten gesundheitlichen Risiken unserer Zeit gehören, weil toxischer Stress entsteht. Kommt noch die Hochsensibilität mit ihrem oft ausgeprägten „Verlässlichkeits-Gen“ obendrauf, können wir ziemlich sicher sein, dass das zu einer unguten Gemengelage führt. Wir erwarten von uns volle Kraft, wenn unser Körper eigentlich ruhen will, und fahren runter, wenn wir eigentlich besonders strapazierbar wären. Die Verdauungsorgane werden zur falschen Zeit mit Nahrung belastet und können sich nicht mehr regenerieren.

Die Folgen: Hochsensible sind ohnehin leicht reizbar. Kommt Schlafmangel hinzu, verstärkt sich das. Viele werden leicht depressiv (ich nenne es den „Daily little Burnout“), sind permanent müde, setzten Hüft- und Bauchspeck an, bekommen andauernd eine Erkältung, können nicht mehr richtig lernen, die Konzentration lässt nach, ihre Kreativität verebbt und einiges Unangenehmes mehr.

Viele kompensieren ihren Lebensstil unter anderem mit „Frei von“-Essen (glutenfrei, kohlenhydratfrei, fettfrei etc.), um sich besser zu fühlen. Sie suchen „Entschleunigung“ in der Freizeit, buchen teure und zeitintensive Kurse, um gelassener mit all dem Stress umzugehen und sporteln beflissen vor sich hin. Dabei leiden viele in erster Linie unter einem Schlafmangel.

Verstehen Sie mich bitte nicht falsch: Es ist überhaupt nichts gegen hochwertige biologische Lebensmittel, Sport oder Entspannungskurse einzuwenden. Das sind ganz wichtige Bausteine für ein zufriedenes Leben, doch oftmals liegt der Hase woanders im Pfeffer.

Viel zu viele Menschen und besonders Hochsensible setzen sich permanent über ihr Schlafbedürfnis hinweg. Gar nicht mal nur, um lange zu arbeiten, sondern um sich mit nur bedingt befriedigenden Tätigkeiten zu zerstreuen. Statt rechtzeitig ins Bett zu gehen, hantieren sie noch ewig in der Wohnung rum, hängen vorm Fernseher ab oder surfen verdrossen im Internet. Und obwohl sie müde sind und wissen, dass sie am nächsten Tag wieder mit einem Schlafdefizit aufwachen, schaffen sie den Absprung nicht, um rechtzeitig und genüsslich ins Bett zu kriechen.

Als ich noch angestellt war, gab es bei mir eine Zeit lang eine sehr kuriose und lästige Phase: Oft habe ich lange gearbeitet und kam nicht vor 20.30 Uhr nach Hause. Ich habe dann noch spät etwas gegessen, da ich ja hungrig war, und habe mich anschließend aufs Sofa begeben. Dort bin ich dann regelmäßig vor dem Internet versackt – und irgendwann eingeschlafen. Da mein Mann mich in dieser „Sofa-Schlafphase" nicht wirklich wach bekommen hat, hat er mich irgendwann einfach dort liegen lassen.

Nun ist es aber so, dass ich ohne Zähneputzen nicht gut schlafen kann. Mein schlechtes Gewissen lässt mich irgendwann aufwachen und denken: „Ich muss noch Zähne putzen!" So habe ich mich in dieser Phase regelmäßig um 1.00 Uhr nachts (manchmal auch noch später) zerknautscht ins (hell beleuchtete) Bad geschleppt, um mir noch brav die Zähne zu putzen. Als ich dann ins Bett kroch, konnte ich natürlich nicht gleich wieder einschlafen, sondern „rotierte" noch eine Stunde herum.

Am nächsten Morgen fühlte ich mich natürlich dementsprechend erschlagen. Und hatte Mühe, gut in den Tag hinein und dann auch noch gut durch ihn hindurch zu kommen. Und das Fiese: Ich kam am darauffolgenden Abend trotzdem nicht rechtzeitig ins Bett. Ich weiß, dass ich in dieser Hinsicht kein Exot bin, sondern höre von vielen, dass sie trotz Erschöpfung und Müdigkeit nicht rechtzeitig ins Bett finden.

Warum ist das so?

Chronobiologen gehen davon aus, dass das mit unserer evolutionären Biologie zusammenhängt. Peter Spork schreibt in seinem Buch „Wake up!" dazu, dass unsere Vorfahren permanent damit beschäftigt waren, ihr Überleben zu sichern. Auch wenn ihnen bereits die Augen zufielen, mussten sie stets darauf achten, nicht vom berühmt-berüchtigten Säbelzahntiger gefressen zu werden. Man funktionierte also routiniert, um zu überleben – auch wenn man bereits sehr müde war. So lernte das (vor-)menschliche Gehirn, den Schlafmangel zu kompensieren und zu überspielen.

Das soll der Grund sein, warum wir spätabends den Fernseher trotz lahmer Komödien und schlechter Krimis nicht einfach ausschalten können oder noch ewig durch unsere Social-Media-Timelines scrollen. Klingt einleuchtend, finde ich. Und die Evolution ist bekanntlich erschreckend langsam. So sagt der Autor, dass sich unsere innere Uhr kaum nennenswert von jener unserer Urahnen unterscheidet und da es auch keine Säbelzahntiger mehr gibt, tun wir gut daran, uns einen Auslöser zu schaffen, der unserem Organismus zu verstehen gibt: „Du darfst dich allmählich runterfahren."

Schauen wir, was zu einem gelungenen Feierabend beitragen kann und wie wir uns liebevoll dazu bewegen können, rechtzeitig ins Bett zu gehen.

Wie man vorbeugt – Prophylaxe

So wie wir uns ein schönes Morgenritual schaffen, sollten wir uns auch ein (Feier-)Abendritual kreieren. Das hilft uns dabei, in den richtigen Modus zu kommen, der unseren inneren Uhren entspricht: Langsam runterfahren.

Feierabend-Rituale und „Ich-Zeit" etablieren

Zum Beispiel ist es hilfreich, wenn man sich nach dem nachmittäglichen oder abendlichen Nachhausekommen erst einmal eine kurze „Ich-Zeit" gönnt und sich nicht gleich auf den Haushalt, den Briefkasten oder die „Raubtierfütterung" stürzt.

Ich weiß, dass das nicht immer so einfach geht. Manchmal sind die Rahmenbedingungen einfach ungünstig. Doch je mehr wir üben, uns vorweg einen kleinen Puffer zum Innehalten zu verschaffen, desto weniger reizüberflutet sind wir und desto mehr können wir unseren Feierabend zu dem machen, für das er gedacht ist: zum Runterkommen, zum Auftanken und zum Regenerieren. Und wir neigen weniger zu absurd langem Aufbleiben trotz Müdigkeit und auch weniger zum Griff nach den üblichen gesellschaftlich anerkannten Runterdimmern: Weinglas oder Bierflasche.

Achtsam die Hände waschen

Wie so ein kleiner Zeitpuffer aussehen kann: Sack und Pack abstellen, ohne es gleich richtig wegzuräumen. Ab ins Bad, sich genüsslich die Hände mit angenehm warmem Wasser waschen und so richtig schön achtsam abseifen (es gibt viele spannende Videos dazu bei YouTube, unter anderem auch eines aus der „Sendung mit der Maus"). So spülen wir uns, nicht nur symbolisch, den Tag und den womöglich erlebten Stress von den Händen ab. Natürlich kann man auch unter die Dusche hüpfen, aber fürs Erste tut es auch diese kleine Mini-Waschung. Toll ist es auch, sich dafür eine besondere Seife zu gönnen, z. B. eine mit einem für Sie angenehmen „Feierabend-Duft".

Den Tag abschütteln

Haben Sie schon mal beobachtet, wie sich Hunde schütteln, wenn Sie nass sind? Da geht ein Beben durch das Tier, angefangen vom

Kopf über den Körper bis in die Schwanzspitze. So schütteln Sie sich den Tag ab:

- Rechtes Bein, rechter Fuß, linkes Bein, linker Fuß.
- Dann die Arme und die Hände, rechts und links.
- Heben Sie die Schultern an und lassen sie wieder fallen.
- Schütteln Sie den Kopf, auf dass die Wangen schlackern. Wem das zu heftig ist, der kann auch sachte mit dem Kopf nicken, nach vorne und hinten, nach links und rechts.
- Wackeln Sie mit dem Hintern, tanzen Sie Twist.
- Wiegen Sie abschließend sachte den Oberkörper hin und her, wie ein Baum im Wind.
- Atmen Sie tief ein und mit einem Seufzer langsam und tief wieder aus.

Die negative Energie des zurückliegenden Tages ist erst mal abgeschüttelt und Sie können sich wohler fühlen.

Kleidung wechseln

Dann, sofern man nicht mehr aus dem Haus möchte, etwas richtig Gemütliches und Freizeitmäßiges anziehen. So signalisieren wir dem Körper: Es ist Zeit, in einen anderen Modus zu wechseln, den Freizeitmodus. Wozu gibt es sie denn, die gute alte Jogginghose?

Eincremend entreizen

Ab aufs Sofa, in den Lieblingssessel oder an einen anderen wirklich gemütlichen Platz. Und dann fünf Minuten die Hände mit einer angenehmen Handcreme eincremen und durchkneten, Finger für Finger.

Durch das intensive Kneten können wir uns dabei helfen, uns zu „entreizen“ und wieder ins Hier und Jetzt zu kommen. Dabei können wir ein schönes Musikstück hören; vielleicht trinken wir noch einen beruhigenden Tee dazu oder essen gegen den ersten Hunger einen kleinen Snack (Nüsse, Obst, Gemüse-Stick). Erst dann sollten wir herumräumen, private Dinge oder den Haushalt angehen.

Wenn man Kinder oder Haustiere hat, die bei der Heimkunft ihr Recht fordern (Essen zubereiten, Spielen), tun wir gut daran, uns trotzdem unseren kleinen Zeitpuffer zu genehmigen. Denn nur, wenn wir gut zu uns sind, können wir uns wieder mit voller Aufmerksamkeit den anderen zuwenden.

Kinder und Haustiere mit einbinden

Sie können auch versuchen, Ihre Kinder in das „Nachhausekomm-Ritual" mit einzubinden. So lernen diese ganz schnell, dass es gut ist, zwischen Arbeit und Feierabend noch einen „Separator" zu setzen und übernehmen dieses Ritual vielleicht später sogar selber für sich.

Beispiel:
Wenn ich nach Hause komme, wollen meine Hunde unbedingt etwas fressen. Inzwischen habe ich Ihnen beigebracht, dass es zuerst eine Runde aufs Sofa geht zum Schmusen. So kraule ich mir die Spannungen ab – und die Hunde freuen sich über die Fellmassage. Erst danach gibt es Fressen. Mein Eincreme-Ritual mache ich dann, wenn die Hunde schmatzen. Das Ganze dauert meistens nur 15 Minuten – die sind jedoch so erquicklich, dass ich anschließend wieder einen kleinen Energieschub habe.

Überblick auf den nächsten Tag verschaffen

Dann verschaffe ich mir einen kurzen Überblick darüber, was am nächsten Tag anliegt. Vielleicht ist noch etwas einzupacken, das ich brauche, oder eine Rückversicherung einzuholen, dass ein geplanter Termin auch wirklich stattfindet. Danach kann ich auch gedanklich loslassen.

Online-Zeit begrenzen

Damit ich nicht irgendwann vor dem Internet versacke, stelle ich mir bisweilen eine analoge Eieruhr. Das Ticken gibt mir einen Zeitrahmen vor, in dem ich nach Herzenslust herumsurfe, ohne schlechtes Gewissen. Das können mal 30 oder 60 Minuten sein, je nachdem, was ich sonst noch für den Abend geplant habe. Es gibt auch Programme, mit denen sich das Internet automatisch zu einer vorprogrammierten Zeit abschalten lässt (z. B. Concentrate, RescueTime, Kindersicherung von Salfeld). Das ist hilfreich, wenn man weiß, dass man den Absprung von alleine nur sehr schwer schafft.

Damit Sie sich nicht gleich wieder einloggen, hilft ein möglichst kompliziertes Passwort nach diesem Muster: 3/jsd*u63"459d. Es sollte eines sein, dass Sie sich auf keinen Fall merken können. Wenn Sie sich das Passwort selber übers Internet schicken und dort nachgucken müssen, ist dann wirklich Feierabend. Für den absoluten Notfall können Sie es sich auch ausdrucken und irgendwo sicher verwahren, wo Sie nicht so bequem herankommen.

Das richtige Licht nutzen

Kaltes Licht am Abend kann massiv den inneren Rhythmus stören. Damit ich meinen Organismus am Abend nicht durch ungünstiges Licht störe, habe ich mein Laptop mit einem Programm (justgetflux.com) ausgerüstet, das den Monitor nach einer gewünschten Uhrzeit von kalttonig auf warmtonig umstellt. Das passiert ganz automatisch. So kann ich meinen PC auch noch zu späterer Uhrzeit nutzen, ohne meine innere Uhr zu verwirren.

Auch verwende ich abends überall warmtoniges Licht in Form von 25-Watt-Glühlampen und Kerzen. Das fördert die Ausschüttung von Botenstoffen (z. B. Melatonin), die für einen guten Schlaf sorgen.

Bettfein machen

Sobald ich weiß, dass ich an dem Abend nichts mehr esse, putze ich mir die Zähne und mache mich bettfein. Dann bin ich für den Fall des spontanen Einschlafens auf der sicheren Seite, weil ich ja nicht nochmals aufstehen muss, um ins Bad zu wanken.

Gerne setze ich mich spätestens um 22.00 Uhr ins Bett, um dort noch in Ruhe ein paar Seiten zu lesen oder einen Film auf DVD anzusehen. Dabei darf ich dann auch gerne einschlafen, denn ich bin ja schon bettfertig.

Kleine Absacker praktizieren

Weitere kleine Abendrituale, die auf einen erholsamen Schlaf einstimmen, sind:

- Einen kleinen Spaziergang um den Block machen.
- Etwas Warmes trinken, z. B. eine Tasse Tee.
- Drei Dinge aufschreiben, die heute positiv waren.
- Eine kurze Entspannungsübung praktizieren (davon finden Sie einige in den anderen Kapiteln).
- Im Schlafzimmer optische Ruhe schaffen (etwas aufräumen oder wegpacken).
- Die Kaffeemaschine für den nächsten Tag vorbereiten.
- Sich die Füße massieren und dabei gleich eincremen.
- Einige Seiten in einem entspannenden Buch lesen.

Wenn man mittendrin ist – der Notfall-Plan

Das kennt wahrscheinlich jeder: Man schafft es trotz aller guten Vorsätze nicht, rechtzeitig ins Bett zu kommen. Ich höre oft von meinen Klienten, dass sie das Zappen oder das Surfen nicht lassen können, obwohl sie das, was sie dann gerade tun, gar nicht so richtig genießen.

Üben – üben – üben

Wichtig zu wissen: Bevor Rituale richtig greifen, braucht es eine ganze Weile Übung, nämlich ca. 4 bis 6 Wochen. Die entsprechenden alten Synapsen müssen ja erst „ausgehungert“ werden, indem wir das ungute Verhalten unterlassen. Neues Verhalten müssen wir praktizieren und üben, um neue synaptische Verbindungen im Oberstübchen anzulegen. Damit das nicht so schwer fällt, kann man sich auch liebevoll unterstützen lassen (Stichwort „Sozialkontrolle“).

Unterstützer gewinnen

Man kann z. B. versuchen, seinen Partner oder einen guten Freund als Unterstützer zu gewinnen und mit ihm eine Vereinbarung zu treffen, zum Beispiel, dass er eine Zeit lang zu einer bestimmten Uhrzeit kurz durchklingelt oder eine freundlich-bestimmte Nachricht schickt, um Sie daran zu erinnern, dass Sie ja längst im Bett sein wollten.

Paradoxe Intervention

Oder Sie versuchen es mit einer paradoxen Intervention:
Wenn Sie merken, dass Sie die Finger nicht von der Fernbedienung oder dem PC lassen können, darüber aber schon ein schlechtes Gewissen bekommen, zündet die Stufe „Jetzt erst recht!“ Das bedeutet, dass Sie zwei Möglichkeiten haben:

1. Sie verpflichten sich dazu, noch mindestens eine Stunde weiterzuzappen oder im Internet zu surfen.
2. Sie hören sofort damit auf und gehen ins Bett. Aber nichts dazwischen!

Bettzeit bestimmen

Bestimmen Sie eine Zeit, zu der Sie ab morgen spätestens im Bett liegen wollen. Stellen Sie sich schon heute Ihren Wecker oder programmieren Sie eine Erinnerung in Ihrem Handy (auf dem Smartphone geht das ganz hervorragend), die morgen ausgelöst wird. Wenn Sie es schaffen, vor dem Signal bettfertig in den Kissen zu liegen, belohnen Sie sich mit etwas Schönem. Ideen für kleine Belohnungsrituale finden Sie im Kapitel „Schöne Dinge tun und Energie tanken".

Den Bann der Medien unterbrechen

Wenn Sie vor dem Laptop versacken, hilft es wunderbar, in einer entschlossenen Sekunde einfach beherzt den Bildschirm runterzuklappen. Sie werden staunen: Der Bann ist gebrochen und Sie haben die Chance, jetzt auch den Absprung ins Bett zu schaffen. Wozu hat man denn schließlich diese Klapprechner? Sie arbeiten mit externem Monitor? Noch besser, einfach den Ausknopf drücken!

Ist es die Fernbedienung? Drücken Sie auch dort ganz schnell den Ausknopf. Auch hier dürfte der Bann mit dem Ausschalten gebrochen sein. Es klingt wirklich banal, doch es ist höchst wirksam.

Sie können auch vorweg den Fernseher programmieren, zu einer bestimmten Zeit automatisch abzuschalten. Mit den meisten Geräten geht das. Notfalls kann man eine Zeitschaltuhr dazwischenschalten.

30-Tage-Projekt

Um zu üben, regelmäßig zu einem bestimmten Zeitpunkt ins Bett zu gehen, kann ein 30-Tage-Projekt eine wunderbare Starthilfe sein, denn das Ganze soll ja auch Spaß machen.

Hier eine Idee von vielen Möglichkeiten:

! DAS SCHLUMMERGLAS

- Nehmen Sie sich ein schönes Gefäß aus Glas.
- Und dazu 30 Erbsen, Kaffeebohnen, Murmeln oder was Sie sonst Kleinteiliges in 30-facher Ausführung griffbereit haben. Schreiben Sie gut sichtbar die Uhrzeit auf das Glas, zu der Sie spätestens im Bett liegen möchten.
- Ergänzen Sie auch das Datum, an dem Sie mit Ihrem Projekt beginnen.
- Jedes Mal, wenn Sie es schaffen, zu der gewünschten Uhrzeit im Bett zu liegen, werfen Sie eines von Ihren 30 Kleinteilen in das Glas.
- So haben Sie einen guten Überblick darüber, was Sie geschafft haben und Grund zur Freude – oder zur Korrektur.
- Wenn das Glas voll ist, belohnen Sie sich mit etwas, das mit gutem Schlaf zu tun hat: einem neuen Schlafanzug, schöner Bettwäsche, einer Schlafbrille oder Ähnlichem.

Anmerkung:
30-Tage-Projekte lassen sich beliebig spielerisch gestalten und variieren. Denkbar wäre z. B. auch eine Übersicht auf einem DIN-A3-Zettel, auf den Sie die Silhouette von 30 gleichen Objekten malen, stempeln oder kopieren (z. B. ein Bett, einen Mond, eine Uhr). Diesen Zettel hängen Sie sich übers Bett und für jeden erfolgreichen „Ins-Bett-geh-Zeitpunkt“ malen Sie mit einem bunten Stift ein Symbol farbig. Das kann unheimlich motivieren.

! 10 TIPPS FÜR EINEN GUTEN SCHLUMMER

1. Haben Sie immer Block und Stift am Bett, damit Sie das, was Sie nicht vergessen wollen, kurz aufschreiben können (im Dämmerlicht, versteht sich, damit Sie nicht die Botenstoffe fürs Wachsein anlocken).

2. Grübelgedanken niemals im Bett hegen und pflegen. Stehen Sie auf und schreiben Sie sich diese von der Seele. Ihr Geist wird durch das Aufschreiben gereinigt. Packen Sie Ihre Grübelgedanken in eine (imaginäre oder echte) Schublade oder in einen „Sorgenfresser" (das sind so lustige Gesellen aus Stoff mit Reißverschluss, denen Sie Ihre Sorgen gepflegt in den Rachen stopfen können).
3. Wenn Sie nicht einschlafen können – machen Sie langweilige Dinge: Legen Sie ein Puzzle, malen Sie ein Mandala aus, lesen Sie eine Gebrauchsanleitung oder bügeln Sie Ihre Handtücher.
4. Gönnen Sie sich kuschelige Decken, schöne Bettwäsche, eine hochwertige Matratze und ein „Memory-Faser-Kissen". Seitdem ich dieses „intelligente" Kopfkissen habe, kann ich viel besser schlafen und habe weniger Nacken- und Kopfschmerzen. Mir hilft auch oft eine Wärmflasche, da sie auf mich beruhigend wirkt.
5. Sollten Sie nachts aufwachen, vermeiden Sie es, auf den Wecker zu gucken. Zu wissen, dass nicht mehr viel Zeit ist, bis der Wecker klingelt, erzeugt zu viel Anspannung und verhindert das Einschlafen.
6. Sehen Sie nachts nicht aufs Smartphone oder Tablet-Display. Sonst werden „Aufwachhormone" freigesetzt, die Sie ja gerade nicht gebrauchen können. Je dunkler Sie schlafen, desto erholsamer.
7. Vermeiden Sie Alkohol. Er lässt Sie zwar besser einschlafen, jedoch weniger gut durchschlafen, da er die Tiefschlafphasen beeinträchtigt, besonders in der zweiten Nachthälfte.
8. Sind Sie Seitenschläfer? Ein „Seitenschläferkissen" oder ein anderes kleines Kissen hilft Ihnen, sich in der Seitenlage besser zu stabilisieren. Der Körper sackt nicht so zusammen und wird durch das Kissen entlastet, da die Last von der Wirbelsäule genommen und eine Drehung des Lendenwirbels verhindert wird.
9. Meiden Sie abends schwer Verdauliches (Vollkornprodukte, Salate, frisches Obst). Gehen Sie nicht mit vollem Magen ins Bett – hungrig allerdings auch nicht. Die letzte Mahlzeit wird idealerweise ca. drei Stunden vor dem Schlafen eingenommen.
10. Versuchen Sie es mal mit einem beruhigenden Hörspiel (kein Thriller!) oder Ähnlichem, wenn Sie nicht (wieder) einschlafen können. Ich kann mittlerweile bei „Der Doktor und das liebe Vieh" oder allen von Harry Rowohlt oder Hans Zischler gesprochenen Hörbüchern hervorragend einschlafen; daher kann ich sie auch immer wieder anhören, da ich es nie schaffe sie komplett durchzuhören ...

REIZ-IMPRÄGNIERUNG AM ARBEITSPLATZ

„30 % Mist gibt es immer!", habe ich einst in einem Zeit- und Selbstmanagementkurs gelernt. „Die Hauptsache ist, die anderen 70 % sind gut oder wenigstens passabel." Es gibt immer Aufgaben oder Bedingungen, die einem nicht gefallen. An nahezu jedem Arbeitsplatz, auch im Home-Office. In diesem Kapitel dreht sich daher alles darum, wie Sie die Reiz-Überflutung am Arbeitsplatz minimieren können.

„Da muss eine tote Maus in der Zwischendecke liegen, dieser Gestank macht mich noch ganz fertig!"

Sehr präsent ist mir noch die folgende Episode meiner Festanstellung. Ich saß eine Zeit lang in einem überaus stimulierenden Durchgangsbüro. Gefühlt kam ich kaum zum Arbeiten, so sehr störten mich die Raumbedingungen.

Vor der einen Bürotür war die Besucher-Sitzecke installiert, in der oft Mitarbeiter saßen, die sich unterhielten, mit der Zeitung raschelten, oder beides. Hinter der anderen Bürotür saß meine Kollegin, die viel Publikumsverkehr hatte. Sämtliche Kollegen, die mit ihren Fragen zu ihr wollten, mussten durch mein Büro spazieren. Eine andere Möglichkeit gab es nicht.

Ich hatte das Fenster im Rücken, einen Drucker vor mir und Ozon in der Nase. Der Teppich war eine elektrostatische Höllenmaschine.

Ich entlud mich infolgedessen regelmäßig mit den Fingern am Metallgestänge des Schreibtisches. Ich habe es gehasst.

Zum ewigen Durchgangsverkehr gesellten sich die damit verbundenen Gesprächshäppchen *„Hallo", „Guten Morgen", „Ist sie da?", „Tschüss", „Schönen Tag noch!" usw.* Subjektiv empfunden kam ich zu nichts.

Und dann war da noch dieser eine Geruch. Jeden Morgen, wenn ich ins Büro kam, roch es nach totem Tier. Ich musste den ganzen Tag lüften, um den Gestank zu vermindern oder ihn wenigstens nicht mehr vordringlich wahrzunehmen. Allerdings hatte ich das Fenster im Rücken, was zuglufttechnisch alles andere als segensreich war. Noch dazu wurde mir dieser Geruch peinlich, da ich befürchtete, die Besucher könnten mich für die Ursache halten.

Der sehr nette Hausmeister (ja, die gibt es) hatte auf meinen Wunsch hin einiges veranlasst: Den Teppich shampooniert, die Auslassöffnung der Klimaanlage gereinigt, die Schadstoffbelastung der Möbel mit einem entsprechenden Gerät gemessen (*„Alles in Ordnung, Frau Dinkel. Wir können einfach nichts feststellen."*). Doch der Geruch blieb. Es lag entgegen meiner Vermutung auch keine tote Maus in den Zwischendecken. Wir waren mit unserem Latein am Ende. Und ich mit meiner Souveränität.

Geräusche, Gerüche, Gewusel, die Achillesfersen des reiz-durchlässigen Gemüts – alle versammelt in meinem Büro.

Irgendwann bekam ich zum Glück ein anderes Büro. Und jemand anders durfte sich in dem Durchgangsbüro vergnügen.

Und nun stellen Sie sich das Ganze einmal in einem Großraumbüro vor!

Um sich zu vergegenwärtigen, was an modernen Arbeitsplätzen zur Überstimulation führen kann, liste ich einige Faktoren für Sie auf. Diese Liste erhebt freilich keinen Anspruch auf Vollständigkeit.

Reiz-Potpourri am Arbeitsplatz

Rahmenbedingungen	Moderne Berufswelt	Zwischenmenschliches	Eigene Stimulation
Arbeitszeiten	Arbeitsabläufe	Anerkennungsdefizit	Ethische Ansprüche
Ausgasung, Allergene (Möbel, Teppich, Elektrogeräte)	Entmutigende Führung	Unter Beobachtung stehen	Empathie
Ergonomisch ungünstige Möbel	Führungskräftewechsel („Chef-Hopping")	Disharmonien	Loyalität
Fehlender Rückzug (zu wenig Privatsphäre)	Leistungsorientierung	Ellenbogenmentalität	Gewissenhaftigkeit
Geruchsbelastung (Menschen, Kantine)	Meetingkultur	Hierarchie-Denken	Gerechtigkeitssinn
Geräuschbelastung (Tastaturtippen, Stimmen, Radio, Lüfter)	Schnelllebigkeit	Konflikte	Harmoniebedürfnis
Lichtverhältnisse	Schichtarbeit	Launen	Hunger-/Durstgefühl
Mehrpersonen-Büro	Overload (technisch, multimedial)	Spannungen	Perfektionismus
Raum-Klima	Restrukturierungen	Wettbewerbsdenken	(Nicht-)-Pausenkultur

Rahmenbedingungen	Moderne Berufswelt	Zwischenmenschliches	Eigene Stimulation
Raum-Atmosphäre	Unterbrechungen	Selbstvermarktung	Verlässlichkeit
Zugluft	Überstundenkultur	Zielkonflikte	Wertekonflikte

Wenn Sie Lust haben, kreuzen Sie für sich diejenigen an, die Ihnen derzeit am meisten zu schaffen machen und ergänzen die, die noch fehlen.

Womöglich haben Sie noch die eine oder andere Ergänzung gefunden.

Nun ist es ja so, dass wir nicht auf alle Stimulanzien oder Stressoren einen unmittelbaren Einfluss haben; am wenigsten auf solche, die mit Unternehmenskulturen und anderen Menschen verflochten sind. Dennoch gibt es ein paar kleine Stellschrauben, an denen wir drehen können – oder es zumindest versuchen sollten.

Vielleicht ist die ein oder andere nachfolgende Anregung für Sie hilfreich.

Wie man vorbeugt – Prophylaxe

Jeder muss auch schwierige oder unangenehme Aufgaben verrichten. Das geht mir auch in meiner Selbstständigkeit so. Dennoch sollten die erfreulichen und die unliebsamen Aufgaben am Ende eines Tages durchschnittlich im Verhältnis von 3:1 stehen.

Der bekömmliche Arbeitsplatz

Idealerweise befindet sich Ihr Arbeitsplatz nicht in der Nähe einer Tür und fernab von Drucker und Kopierer. Achten Sie wenn möglich darauf, dass Sie nicht unter der Auslassöffnung einer Klimaanlage sitzen. Wenn Sie mit mehreren Kollegen in einem Raum arbeiten, ist es ratsam, die Tische nicht frontal einander gegenüber aufzustellen, sondern in einem Winkel. Sie müssen sich dann nicht permanent angucken oder den Blicken ausweichen und können so die Reize minimieren. Manchmal helfen Trennwände, die gleichzeitig als Pinnwand und Schallschutz dienen (aus den Dilbert-Comics auch als „Sensorische Entzugskammer" bekannt). Durchgangsbüros sind in jedem Fall zu vermeiden.

Selbstverständlich gibt es noch andere Arbeitsplätze als solche im Büro, auf die ich jedoch leider nicht alle eingehen kann. Bestimmt kommen Sie selbst noch auf gute Ideen, wenn Sie Ihren Arbeitsplatz mit allen Sinnen eines Hochsensiblen betrachten. Vieles findet man ja auch gerade durch „Versuch und Irrtum" heraus.

Die ideale Arbeitszeit

Wenn Sie es einrichten können, nutzen Sie die ruhigeren Phasen für Arbeiten, bei denen Sie sich besonders konzentrieren müssen. Z. B. die frühen Morgenstunden oder die Abendstunden, wenn schon die ersten Kollegen gegangen sind. Bitte opfern Sie nicht Ihre Pause, weil Sie nur während der Mittagspause Ihre Ruhe haben. Sie können zwar in der Mittagspause arbeiten, sollten die dann aber unbedingt nachholen.

Freundliche Helfer für Mehrpersonen-Büros

Wie schon zuvor geschrieben, sind Unterbrechungen sehr ruinös für die Konzentration und somit für den eigenen Reiz-Haushalt. In Einzelbüros kann man sich immerhin mit einem freundlichen „Bitte-nicht-stören"-Schild behelfen. In Mehrpersonen-Büros rate ich dringend dazu, sich mit seinen Kollegen gemeinsam auf bestimmte Vorgehensweisen zu einigen, damit jeder in den Genuss einer störungsfreien Arbeitsphase kommen kann.

Ich kenne Teams, die mit Symbolen oder Signalen arbeiten und so wissen, wann sie einander nicht stören dürfen. So hat ein Team z. B. einen „Pssst"-Button, der immer dann getragen wird, wenn man wirklich konzentriert arbeiten muss. Besonders, wenn man sich auf dem Weg zum Kopierer oder Kaffeeautomaten nicht durch eine Plauderei aufhalten lassen möchte, kann so ein Button Wunder wirken. In einem anderen Team stellt man sich eine kleine bunte Flagge auf den Schreibtisch, die als Merkzeichen für konzentriertes Arbeiten steht.

In meinem Gründungszentrum saß damals ein Mitgründer mit klassischen gelben „Micky Mäusen" im großen „Co-Working Space". Dieser „Kapselgehörschutz" bietet den Vorteil, dass man ihn gleich sieht und ahnt, dass der andere gerade ungestört arbeiten möchte. Es gibt sie inzwischen in vielen bunten Farben (sogar in Pink), sodass sie nicht zwingend nach Baustelle aussehen.

Entscheidet man sich für einen In-Ohr-Gehörschutz, kann es hilfreich sein, ihn erst mal nur in einem Ohr zu tragen. Das hat den Vorteil, dass man noch am Geschehen teilnehmen kann, jedoch erheblich weniger mitbekommt. Toll sind auch solche Kopfhörer, die einerseits störende Umgebungsgeräusche herausfiltern und andererseits auch einen sogenannten „Aware-Modus" haben, um die Umgebung bewusst wahrnehmen zu können.

Es ist sehr wichtig, dass man die Zeiten der Konzentration gegenseitig respektiert und fair damit umgeht. Dazu gehört auch, nicht den ganzen Tag mit „Mickey Mäusen" oder Button umherzulaufen, es sei denn, das ist mit den anderen abgesprochen.

Der Zwischenbescheid

Sie wollen gerade konzentriert arbeiten und ein Kollege kommt unangekündigt zu Ihnen an den Platz, um Sie um Hilfe zu bitten. Damit Sie sich nicht gänzlich aus Ihrer aktuellen Aufgabe herausreißen lassen, verhilft Ihnen eine Art „Zwischenbescheid" zu etwas Luft:

! **ZWISCHENBESCHEID FORMULIEREN**

1. Den anderen mit seinem Anliegen ernst nehmen und wertschätzen.
2. Mit einer offenen Haltung reagieren (bitte nicht genervt losfauchen).
3. Absage kurz begründen, ohne sich zu rechtfertigen.
4. Angebot machen (bzw. vertrösten) oder einen kurzen freundlichen Abschlusssatz wählen („Du kannst das hoffentlich nachvollziehen").

Beispiele:

- *„Du hast es eilig, was? Ich sitze gerade selber an einer dringenden Sache. Hat dein Anliegen Zeit, bis ich fertig bin? Ich rufe dich gern danach an."*
- *„Ich freue mich, dass du mich um Rat fragst. Heute habe ich allerdings eine schwierige Aufgabe auf dem Tisch und so großen Zeitdruck, dass ich mich gerade gar nicht auf ein neues Thema konzentrieren kann. Hat das auch Zeit bis morgen?"*
- *„Was würdest du tun, wenn ich heute nicht da wäre?" (Eventuelle Antwort: „Ich würde XY fragen.") „Dann würde ich mich freuen, wenn du XY tatsächlich fragst, denn ich habe heute gar keine Kapazitäten mehr."*
- *„Ich kann verstehen, dass Sie die Frage noch diese Woche klären möchten und ich unterstütze Sie auch gerne dabei. Doch diese Woche ist es mir nicht mehr möglich. Wenn es bis Montag warten kann, dann bin ich gern für Sie da."*

Dringlich ist alles, was zwei Beine hat und zur Tür hereinkommt. Dringlich heißt aber nicht automatisch, dass es auch wichtig ist.

Arbeiten in Zeit-Häppchen

Das Arbeiten in Zeit-Häppchen (der Fachbegriff ist „Pomodoro-Technik“ von Francesco Cirillo) ist eine ganz wunderbar einfache Methode, die Ihnen hilft, sich während kleiner Zeiteinheiten besser zu fokussieren und somit besser zu konzentrieren.

So einfach geht's:

1. Wählen Sie eine Aufgabe aus, die aktuell Ihre Aufmerksamkeit verdient.
2. Stellen Sie sich einen Timer auf 25 Minuten (Handy).
3. Verpflichten Sie sich, 25 Minuten fokussiert nur an dieser einen Aufgabe zu arbeiten – bis der Timer klingelt.
4. Werden Sie zwischendrin durch einen Gedanken abgelenkt, machen Sie sich eine Notiz und kümmern sich später darum (z. B. in einem neuen Zeit-Häppchen). Machen Sie ohne lange Unterbrechungen an Ihrer ursprünglichen Aufgabe weiter.
5. Sobald die 25 Minuten um sind, machen Sie ein Häkchen oder ein motivierendes Symbol z. B. in Ihren Kalender. Das sichtbare Abhaken setzt Glückshormone in Ihrem körpereigenen Belohnungssystem frei.
6. Machen Sie eine echte Pause von 5 Minuten. Schütteln Sie sich, recken und strecken Sie sich, trinken Sie ein großes Glas Wasser, waschen Sie sich die Hände oder gehen Sie ein wenig umher. Hauptsache ist, Sie machen eine echte kleine Pause, die nicht am Arbeitsplatz stattfindet.
7. Nach etwa vier Zeit-Häppchen sollten Sie eine Pause von 20 bis 30 Minuten machen.

Was für diese Häppchen-Methode spricht:

- Fortschritte werden schriftlich oder visuell festgehalten.
- Sie hilft, sich besser zu fokussieren.
- Man vermeidet so „Aufschieberitis".
- Sie schützt vor Multitasking.
- Der erste Schritt wird erleichtert.
- Große Aufgaben werden in Häppchen unterteilt.
- Die Gefahr der Überlastung sinkt, wenn die Pausen ernst genommen werden.

Vor anderen reden oder präsentieren müssen

Viele Hochsensible, die ich kenne, reden nicht gerne vor einer größeren Gruppe. Mir ging das früher auch so. Inzwischen hat sich das sogar so gut entwickelt, dass ich davor keine Angst mehr habe, lediglich ein gewisses Maß an Lampenfieber, das ich sogar begrüße. Denn: Es macht hellwach!

Im Improvisationstheater machen wir oft Übungen, die uns darauf vorbereiten, in ein bestimmtes Gefühl zu kommen. Damit wir z. B. für eine Rolle ein Gefühl von Traurigkeit und Unterlegenheit entwickeln, laufen wir mit einer negativen Körperhaltung im Raum herum: hängende Schultern, Blick auf den Boden, schlurfend-schleppender Gang. In so einer negativen Körperhaltung ist es leicht, sich wie ein demütiger Wurm zu fühlen.

Was in die negative Richtung funktioniert, klappt natürlich auch umgekehrt. Indem wir uns gerade aufrichten und wortwörtlich „die Nase oben tragen" können wir sehr viel leichter ein Gefühl von Stolz und Überlegenheit auslösen – und uns selbstsicherer fühlen. In einer aufrechten Haltung atmen wir freier und wirken so viel selbstbewusster. So signalisieren wir nicht nur anderen Menschen, sondern auch unserem Körper mehr Selbstbewusstsein. Noch dazu steigt unsere Laune und wir fühlen uns dadurch besser. Und wer sich gut fühlt, kann besser denken und somit besser vor anderen reden.

Fazit: Indem Sie Kopf und Körper bewusst aufrecht halten, gewinnen Sie Souveränität hinzu, sind dadurch weniger ängstlich und somit weniger überstimuliert.

10 KURZE TIPPS FÜR IHRE PRÄSENTATIONEN !

1. Nervös zu sein gehört dazu. Lampenfieber sorgt dafür, dass Sie voll bei der Sache sind. Auch Profis sind aufgeregt.
2. Lesen Sie keine langen Texte vom Blatt ab. Das haben Sie gar nicht nötig.
3. Machen Sie sich einfache Kärtchen mit nur wenigen (!) Stichworten. Diese dürfen Sie beim Präsentieren gerne dabei haben und auch als roten Faden nutzen. Toll sind auch Mind-Maps.
4. Nutzen Sie die „4-6-8-Atemtechnik", um sich zu beruhigen (siehe Kapitel „Handwerkszeug zur bekömmlichen Tagesgestaltung"), richten Sie sich auf, machen Sie sich gerade.
5. Üben Sie Ihre Präsentation auf jeden Fall zu Hause. Dabei sollten Sie laut sprechen. Vielleicht finden Sie in Ihrem Freundes- und Bekanntenkreis ein Probenpublikum, das Ihnen ein einfühlsames und konstruktives Feedback geben kann.
6. Kleiden Sie sich für die Präsentation so, dass Sie sich wohlfühlen. Das gibt Ihnen Sicherheit.
7. Suchen Sie sich im Publikum jemand aus, der freundlich blickt. Den können Sie für sich als positiven Anker nutzen.
8. Nutzen Sie Bilder, um Ihre Worte zu untermalen. Ihre Zuhörer freuen sich über optische Eindrücke und Hingucker.
9. Freuen und belohnen Sie sich dafür, dass Sie sich getraut haben.
10. Je mehr Sie üben, desto besser werden Sie sich fühlen.

Selbstverständlich gibt es noch viel mehr, was Sie tun können, um sich anderen Menschen gegenüber sicherer zu fühlen. Als weiterführende Literatur lege ich Ihnen das Buch „Leise überzeugen“ von Nathalie Schnack ans Herz.

Plauderzwänge minimieren

Im Büro: Um sich elegant gegen spontan hereinschneiende Plaudertaschen zu wappnen, kann man seine Besucherstühle mit Papieren bedecken oder sie so hinstellen, dass sich ungebetene Besucher nicht so einfach hinsetzen können. Sie können auch aufstehen und zur Tür gehen, um zu signalisieren, dass Sie gerade auf dem Sprung zu einem Termin sind. Natürlich können Sie auch ganz offen sagen, dass Sie gerade keine Zeit haben und sich für einen anderen Zeitpunkt gezielt auf eine Tasse Kaffee verabreden.

In der Mittagspause: Ich erinnere mich noch gut an die Zeit, wo ich jede Mittagspause mit meinen Kollegen zum Essen ging – aus Pflichtgefühl und weil ich mich nicht ins Abseits manövrieren wollte. Doch in der Tiefe meines Herzens wollte ich viel lieber alleine spazieren gehen oder mich im Sommer in den nahe gelegenen Park legen, um Energie zu tanken. Und irgendwann tat ich das auch, wenn auch mit dem unguten Gefühl, mich abzusondern.

Heutzutage würde ich es so machen: Ich würde meinen Kollegen kurz erklären, dass ich des Mittags gerne Zeit für mich habe, um aufzutanken. Dass es jedoch nicht so ist, dass ich mit ihnen nichts zu tun haben möchte. Damit ich mich durch meine Einzelpausen nicht zu sehr isoliere, würde ich wenigstens einmal die Woche mit zum gemeinsamen Essen gehen. Oder ich würde mich später mit den anderen auf eine Tasse Kaffee treffen. So kann auch ich meinen Teil zu einem guten Gemeinschaftsgefühl beitragen, ohne meine eigenen Bedürfnisse komplett über den Haufen zu werfen.

(Präsenz-)Arbeitszeit reduzieren

Nicht nur durch weniger Überstunden, sondern auch durch eine reguläre Verkürzung der Arbeitszeit auf eine Teilzeitstelle kann man sich reizarme Freiräume schaffen. Man kann sich sein reduziertes Nettogehalt bequem im Internet (Stichwort: Brutto-Netto- oder Gehaltsrechner) ausrechnen, um zu entscheiden, ob man die finanzielle Einbuße zugunsten von mehr Freizeit tragen kann.

Ich habe damals meine 40-Stunden-Woche auf eine 33,5-Stunden-Woche reduziert und den Montag freigehabt. Das tat mir richtig gut. Des Weiteren lohnt es sich nachzufragen, ob man einen Teil seiner Arbeit vom Home-Office aus erledigen kann. Das hätte den Vorteil, dass man sich seine Arbeitsbedingungen so gestalten kann, wie sie einem gut tun. Wenn Sie in Ihrem Job ohnehin viel am Computer sitzen, lohnt es sich, diese Option ernsthaft für sich zu prüfen.

Wenn man mittendrin ist – der Notfallplan

Rückzugsorte aufsuchen

Neben dem „Café Achteck“ (das „Stille Örtchen“) gibt es in vielen Unternehmen auch noch weitere Rückzugsorte, an denen man mal für eine kleine Weile in Ruhe Kraft tanken kann. Zum Beispiel könnte man versuchen, sich für eine Weile in einen leeren Konferenzraum zurückzuziehen. In fortschrittlichen Unternehmen gibt es sogar schon richtige „Ruheräume“, in die man sich zu einem kurzen Schläfchen begeben kann. Manchmal hilft es auch, sich ein leeres Büro, einen Lagerraum oder einen Platz im Archiv zu suchen.

Sofern man ein Einzelbüro hat, kann man sich auch für 20 Minuten einschließen und mit dem Kopf auf die Arme gestützt auf den

Schreibtisch legen. Vielleicht bringt man sich auch eine Wolldecke und eine Isomatte mit ins Büro und legt sich gar auf den Boden. Auch finde ich das eigene Auto als Rückzugsort während der Mittagspause für ein Nickerchen ideal – sofern man etwas abseits parkt.

Augenentspannung

Hier kommt eine bewährte Mini-Übung, um Augen und Geist eine klitzekleine Auszeit zu gönnen:

- Handflächen so schnell aneinander reiben, dass sie richtig schön warm werden (ca. 30 bis 60 Sekunden).
- Anschließend beide Hände über die geschlossenen Augen legen.
- Spüren Sie die Wärme? Wie fühlen sich Ihre Hände an? Entspannen sich Ihre Gesichtszüge ein wenig?
- Nach ca. einer Minute nehmen Sie die Hände wieder vom Gesicht.
- Blicken Sie mit ganz frischem Blick aus dem Fenster in die Ferne oder in den Himmel.
- Atmen Sie richtig tief ein und aus: Beim Einatmen bis 4 zählen. Luft anhalten und bis 6 zählen. Beim Ausatmen bis 8 zählen.

Für diese Übung benötigen Sie nur wenig Zeit und Sie können sie praktisch überall machen. Ich finde sie besonders hilfreich als Abschluss einer Aufgabe oder bevor man eine neue beginnt. Außerdem hilft sie, die verkrampfte Augen- und Gesichtsmuskulatur etwas zu lockern. Sanfte Berührungen mit warmen Händen tun einfach sehr gut.

Stimulationsquelle Telefon

Das Bürotelefon ist für viele Hochsensible ein lästiges Ding, denn es unterbricht unbarmherzig den Arbeitsablauf. Die meisten eher Introvertierten und/oder Hochsensiblen mögen nicht gerne telefonieren, denn man muss sich ad hoc und unmittelbar auf den Menschen am anderen Ende der Leitung einstellen.

Man weiß bereits seit Längerem, dass Menschen beim Zuhören unbewusst auf Mimik und Lippenbewegungen achten und nicht nur auf das Gesagte. Fallen diese Sinneseindrücke weg, fehlt etwas Grundlegendes. Viele Hochsensible fühlen sich durch die „unvollständige" Kommunikation am Telefon ziemlich unwohl und werden dadurch überstimuliert. Der Druck steigt ganz besonders, wenn sie angerufen werden, da sie sich vom Anrufer überfallen fühlen.

Ganz anders ist dagegen die E-Mail-Korrespondenz, die man wunderbar zeitversetzt handhaben kann. Vor allem stimuliert sie weniger, da man E-Mails in Ruhe lesen oder formulieren kann.

Fragen Sie sich, wenn es klingelt, ob Sie den Anrufer zunächst gefahrlos auf die Mailbox laufen lassen und zu einem anderen Zeitpunkt zurückrufen können. Wenn ja, können Sie sich später gezielt auf das Telefonat vorbereiten. Manchmal reicht es sogar, dem Anrufer eine E-Mail zu schicken, denn nicht immer muss man auf einen Anruf mit einem Gegenanruf reagieren.

Bevor ich jemanden anrufe, mache ich mir eine kurze Mind-Map als kleinen Gesprächsleitfaden. Das hat zum einen den Vorteil, dass ich auf etwas Geschriebenes zurückgreifen kann, was mir Sicherheit gibt. Und zum anderen kann ich meine Mind-Map während des Gesprächs stichwortartig ergänzen und habe somit eine Art Gesprächsnotiz angefertigt. Notizen helfen natürlich auch, wenn man selber auf eine Mailbox sprechen muss, was viele Hochsensible auch nicht mögen.

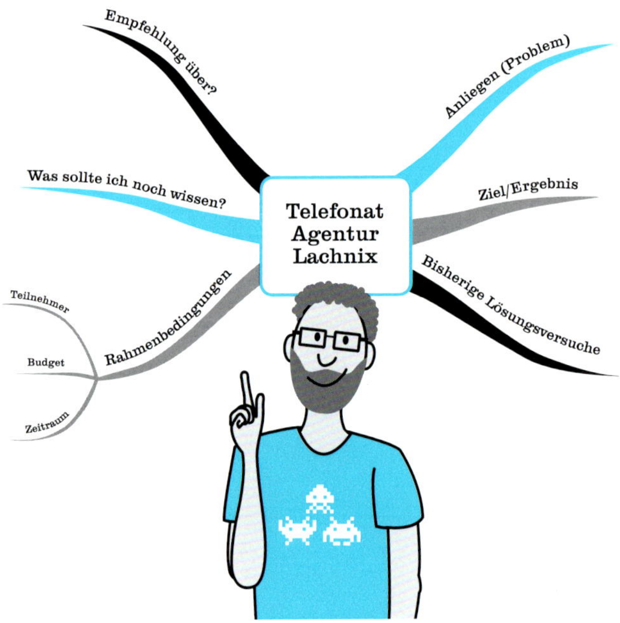

Beispiel für eine Mind-Map (Gedächtnis-Landkarte).

Sie haben Angst, in ein langes Telefonat verwickelt zu werden?

Dann grenzen Sie Ihr Zeitkontingent von vornherein ein, z. B. so: *„Danke für Ihren Anruf. Ich habe noch 10 Minuten Zeit bis zum nächsten Termin, reicht Ihnen das?“*
Oder, wenn Sie anrufen: *„Passt es Ihnen gerade? Ich brauche nur 5 Minuten.“*

Meetings überstehen

Meetings sind für viele ein Gräuel, für Hochsensible oft besonders, gerade wenn sich Themen immer wieder im Kreis drehen oder Vielredner überbordend abschweifen. Mir hat früher in unliebsamen Meetings das Mitschreiben und Kritzeln zu einem ausgeglicheneren Reiz-Haushalt verholfen. Man hat nämlich herausgefunden, dass sich Menschen, die kritzeln, hinterher besser an das Gesagte erinnern können als diejenigen, die nur still dasitzen und das Gesprochene auf sich einprasseln lassen. Nicht ohne Grund sind seit einigen Jahren „Sketchnotes“ auch in Meetings sehr gefragt; das sind handschriftliche Notizen und Skizzen in einem.

SKETCHNOTES (VISUELLE NOTIZEN): 15 GUTE GRÜNDE, WARUM ES SICH LOHNT, ZU ZEICHNEN

!

1. Bild sticht Text: Bilder gehen direkt ins Hirn, während das geschriebene oder gesprochene Wort erst in ein Bild übersetzt werden muss und daher länger braucht.
2. Kompliziertes wird durch einfache Bilder leichter verständlich.
3. Man hört aufmerksamer zu und entspannt dadurch mehr.
4. Wir können uns an Bilder viel besser erinnern als an Worte.
5. Zeichnen mit einfachen Linien und Formen geht schneller als Schreiben, wenn man die Regel „Weniger ist mehr“ beherzigt.
6. Indem wir nur das Wesentliche notieren und zeichnen, merken wir uns genau das, was wirklich relevant ist.
7. Bilder tragen zur besseren Verständigung bei – über kulturelle und interdisziplinäre Sprachhürden hinaus.
8. Notizen werden durch Zeichnungen durchdachter.
9. Verstand und Körper arbeiten auf angenehme Weise zusammen.
10. Man kann seine Persönlichkeit in die Sketchnotes einbringen.
11. Sketchnotes sind abwechslungsreich; so wird es nie langweilig.
12. In unserem Gehirn werden schneller Querverweise erzeugt und gespeichert.
13. Unsere Fähigkeit zuzuhören wird sich verbessern.
14. Sketchnotes machen Spaß – einem selber und den anderen.
15. Ablenkungen können minimiert und störende Reize besser herausgefiltert werden.

Fragen Sie sich dennoch grundsätzlich (oder ggf. Ihren Chef), ob Sie wirklich zu jedem anberaumten Meeting gehen müssen. Manchmal reicht es auch, das Protokoll zu lesen.

Ja-Puffer einbauen

Am Arbeitsplatz wird man ab und an spontan dazu aufgefordert, etwas zu einem Thema zu sagen, auf das man nicht immer vorbereitet ist. Das ist Hochsensiblen meist unangenehm, da sie einerseits gründlich über Sachverhalte nachdenken und andererseits gerne verlässlich sind. Für solche Fälle kann man sich Standards zurechtlegen, um sich Luft zu verschaffen.

Beispiele:

- *„Das ist ein wichtiger Punkt. Ich werde dazu die entsprechenden Informationen zusammentragen und komme morgen auf Sie zu."*
- *„Gut, dass Sie das fragen. Das gibt mir die Gelegenheit, noch mal konkret darüber nachzudenken und Ihnen in den nächsten Tagen Bescheid zu geben. Passt das für Sie?"*
- *„Das Thema ist ziemlich komplex und ich bin gedanklich gerade bei einer ganz anderen Aufgabenstellung. Ich möchte darüber noch mal in Ruhe nachdenken. Darf ich Ihnen dazu morgen Bescheid geben?"*

Falls Sie dazu tendieren, zu schnell „Ja" zu sagen, erweisen Ihnen derlei Pufferzeiten bestimmt einen guten Dienst. Selbst E-Mails können mal einige Zeit unbeantwortet liegen bleiben, damit Sie sich in Ruhe überlegen können, wie Sie reagieren möchten.

Nachsichtig mit sich sein

Und wenn Sie doch mal wieder „Ja" statt „Nein" gesagt haben? Dann ist das auch nicht so schlimm. Sie haben so gehandelt, wie es Ihnen in dem Moment gerade möglich war.

Wenn es nicht zu einem „Nein" gereicht hat, dann eben beim nächsten Mal. Neues Verhalten muss sich erst im Gehirn neuronal bahnen und Übung macht auch hier den Meister!

Den Groll zerreißen

Sollten Sie sich mit destruktiven Gedanken plagen („*Warum habe ich schon wieder zugesagt, das Protokoll zu schreiben?*“) oder sich über einen Kollegen ärgern, versuchen Sie es mal hiermit:

Notieren Sie in ein bis zwei kurzen Sätzen, was Sie gerade richtig ärgert. Dann zerreißen Sie den Zettel genüsslich in viele kleine Schnipsel und befördern sie diese in den Papierkorb. Lächeln Sie – auch, wenn Ihnen nicht danach ist – und sagen Sie: „Auch wenn ich mich eben geärgert habe, kann ich jetzt ich wieder an etwas anderes denken.“

Schleppen wir unsere destruktiven Gedanken im Geiste immer mit uns herum, können wir sie nicht vergessen und büßen Konzentration und Lebenslust ein. Indem wir sie symbolisch zerreißen und wegwerfen, haben wir den Kopf deutlich freier als vorher. Sollten die „Ärger-Gedanken“ wiederkommen, einfach einen neuen Zettel schreiben und wie zuvor verfahren.

Es nützt übrigens nichts, sich das Zerreißen und Wegwerfen bloß vorzustellen. Gerade der Akt, sie wie echte Gegenstände zu behandeln und zu entsorgen, macht die Sache wirkungsvoll.

Überstimulierende E-Mail-Fluten eindämmen

Die meisten Menschen stöhnen, dass Sie zu viele E-Mails bekommen. Und da ist ja auch eine ganze Menge dran. Da uns auch zukünftig immer wieder ungefragt E-Mails ins Postfach flattern werden, sollten wir uns nicht länger darüber ärgern, sondern zur Tat schreiten, und zwar indem wir uns auf ein paar grundsätzliche Dinge einschwingen, die wirklich in unserem Einflussbereich liegen:

Feste E-Mail-Zeiten etablieren

Damit wir nicht Gefahr laufen, ständig unseren Posteingang zu überprüfen (ja, unser Belohnungssystem im Gehirn giert nach Neuigkeiten), sind feste „E-Mail-Öffnungszeiten" richtig wertvoll. Wenn Sie nicht gerade einen Job haben, bei dem es Teil Ihrer Arbeit ist, permanent E-Mails zu beantworten (z. B. wenn Sie im Support arbeiten), sollten Sie sich lieber zwei oder drei feste Blöcke dafür reservieren z. B. um 10 Uhr und um 16 Uhr.

Nutzen Sie eine simple Ordnerstruktur zum Abarbeiten

Zu viele Unterordner können dazu verleiten, zu kleinteilig zu denken und dadurch die Verzettelungstendenz zu erhöhen – was wieder zur Überstimulation führen kann.

Hier ein Beispiel für eine einfache Ordnerstruktur:

Ordner	Inhalt
Antworten	Hier ist eine E-Mail-Antwort erforderlich.
Erledigen (keine Antwort notwendig)	Alles, was nächste Schritte erfordert, jedoch keine Rückantwort per Mail braucht. Aufgaben können von hier ggf. auf die To-do-Sammelliste überführt werden.
Ausstehend	Hinter diesem Ordner kann man weitere Unterordner anlegen in denen Mails zu aktuell laufenden Projekten lagern, bis diese erledigt sind (danach archivieren).
Lesefutter	Das sind z. B. Newsletter, Infoschreiben, Blogbeiträge.
Aufbewahren	... sollten Sie: Registrierungen, Rechnungen, wichtige Infos.
Warten auf	Das sind z. B. Vorgänge, bei denen Sie auf eine Antwort warten und diese E-Mails so lange behalten möchten.
Je nach Aufgabengebiet können weitere Unterordner folgen.	Es hängt vom Job und den jeweiligen Vorlieben ab, mit wie vielen Ordnern man arbeitet. Ich würde es jedoch immer nach dem Mini-Max-Prinzip handhaben: so viel wie nötig – so wenig wie möglich. Über die Suchfunktion kann man meist viel schneller auf die gewünschten E-Mails zugreifen.

Jede E-Mail wird nach dem Zuordnen nur noch einmal angefasst!

- In Ihren festen „E-Mail-Öffnungszeiten“ bearbeiten Sie alle Mails aus dem Postfach „Beantworten“, deren Bearbeitung nicht länger als 5 Minuten dauert, in einem Rutsch. E-Mail danach löschen oder wegsortieren/archivieren.
- Sollte die Bearbeitung einer Mail länger dauern, schicken Sie dem Empfänger einen kurzen Zwischenbescheid, dass Sie an der Sache dran sind. Das nimmt sowohl Ihnen als auch dem Empfänger den Druck. Solche E-Mails dürfen auch zweimal angefasst werden. Je nach Thema kann diese Mail dann in den Ordner „Erledigen“ wandern.
- Danach bearbeiten Sie das Postfach „Erledigen“.
- Das Postfach „Lesefutter“ sollten Sie sich regelmäßig vornehmen, damit es sich nicht aufstaut. Sie können sich z. B. dazu entschließen, dort maximal 10 Lesehappen gleichzeitig aufzubewahren, damit es nicht überhandnimmt. Außerdem können Sie auch mal getrost unbesehen alles löschen, wenn es Ihnen zu viel wird. Glauben Sie mir, sie werden die E-Mails nicht wirklich vermissen.

Mit Filtern und Regeln arbeiten

In nahezu jedem E-Mail-Programm kann man Filter und intelligente Ordner anlegen, in die sich eingehende Nachrichten automatisch einsortieren. Sie sparen sich das lästige Zusortieren in die Unterordner. Alles, was ungelesen ist, wird ja **fett** dargestellt – so entgeht Ihnen nichts.

Besonders die lästigen „Cc-“ und „Bcc-Mails“ lassen sich so automatisch in einen Sammelordner überführen. Aber auch für Newsletter sind solche Ordner unheimlich praktisch. Ich kann mir eine Arbeit ohne diese hilfreichen Funktionen gar nicht mehr vorstellen.

Auch im Kapitel „Selbstfürsorge – Nicht nur im Home-Office“ habe ich dazu etwas geschrieben.

Mit Vorlagen und Textbausteinen arbeiten

Es gibt Sätze, die schreibt man immer wieder. Wenn man im E-Mail-Programm keine Vorlagen oder Textbausteine anlegen kann, hilft eine einfache E-Mail, die man unter „Entwürfe" speichert. Daraus kann man sich bei Bedarf die passenden Textbausteine herauskopieren. Dieser Entwurf dient Ihnen als simpler Speicher und bleibt als feste Datei einfach dort stehen. Vorteil: Sie müssen keine komplizierte Programmierung vornehmen oder gar ein zusätzliches Programm installieren.

Je präziser Sie formulieren, desto besser die Antworten

- Nutzen Sie aussagefähige Betreffzeilen, damit der Empfänger auf einen Blick weiß, worum es geht. (Beispiel: *Betriebsvereinbarung xy | Bitte um Freigabe bis ...*)
- Schreiben Sie in die erste Zeile Ihrer E-Mail, was Sie vom Empfänger möchten, idealerweise auch, bis wann Sie was benötigen.
- Schreiben Sie so lesefreundlich, dass man Ihre E-Mail gut am Rechner lesen kann (Absätze, Bullet Points).
- Bitte keine ellenlangen E-Mails mit vielen unterschiedlichen Einzelanliegen fabrizieren, sondern pro Anliegen eine separate E-Mail schicken.
- Fassen Sie sich kurz und vermeiden Sie umständliche Schachtelsätze.
- Seien Sie freundlich (Anrede und Grußformel gehören unbedingt dazu).
- Prüfen Sie abschließend, ob Sie als Empfänger aus dem Geschriebenen schlau werden würden.
- Ach ja: Schreiben Sie nie eine E-Mail, wenn Sie in Rage sind. Und wenn doch, dann schicken Sie sie nicht gleich ab. Schlafen Sie erst eine Nacht darüber und lesen Sie sie noch mal mit frischem Hirn und beruhigten Sinnen und stellen Sie sich die Frage: Würde ich diese E-Mail gerne in meinem Postfach vorfinden?

Bedenken Sie den Pingpong-Effekt

Je mehr E-Mails wir selber verschicken, mit desto mehr E-Mails müssen wir rechnen. Frei nach dem Motto:

„Wer E-Mails sät, wird E-Mails ernten“

Anitra Eggler

Von daher müsste es ja im Umkehrschluss lauten: Je weniger E-Mails wir verschicken, desto weniger E-Mails werden uns zurückgeschickt.

Bleiben Sie realistisch – und wohlmeinend

Ihr Ziel muss nicht auf Biegen und Brechen ein leeres Postfach sein, wenn es Sie überfordert. Es reicht, wenn Ihr Postfach keine wirklich wichtigen Nachrichten mehr beherbergt. E-Mails, die als Dauer-Logiergäste in Ihrem E-Mail-Eingang herumlungern, scheinen ja nicht wirklich brisant zu sein.

Schieben Sie diese irgendwann in einen separaten Ordner, wenn Sie sich nicht trauen, sie zu löschen. Und geben Sie diesem Ordner einen putzigen Namen, wie z. B. „Logiergäste“, damit Sie nicht permanent mit Ihrem schlechten Gewissen kämpfen. Wenigstens einmal im Jahr machen Sie dann Tabula rasa.

SELBSTFÜRSORGE – NICHT NUR IM HOME-OFFICE

Von zu Hause aus zu arbeiten, hat sehr viele Vorteile für Hochsensible. Sie können sich sehr viel selbstbestimmter ihre Zeit einteilen, ihren Arbeitsplatz so einrichten, wie sie mögen und vor allem unbeobachtet (und voraussichtlich ungestört) ihren Aufgaben nachgehen. Was für viele allerdings eine Herausforderung ist: sich bekömmliche Tagesstrukturen zu schaffen und ihre Motivation am Laufen zu halten.

Die Sache mit der Selbstorganisation

Es gab mal eine Zeit, da habe ich mich total in meinen (selbst auferlegten) Tagesstrukturen und Organisationsmitteln verheddert. Dabei wollte ich, ganz HSP-typisch, alles besonders perfekt machen. Damals war mir noch nicht klar, dass ich hochsensibel bin.

Ich hatte gefühlt einen Regalmeter Ratgeber zum Thema Zeit- und Selbstmanagement gelesen und wollte daraufhin meine gesamte Selbstorganisation umkrempeln. Trotz Smartphone bin ich jedoch mehr der „Papiertyp“ und tendiere daher sehr zu haptischen Organisationsmitteln. Noch dazu hab ich ein Faible für schöne Büromaterialien und werde mit elektronischer Planung einfach nicht warm.

Ich gönnte mir also ein schickes, neues Filofax, diverse Einlagen, Hüllen und Formblätter, um eine ausgeklügelte Innenaufteilung auszuhecken. Hinzu kamen verschiedene hübsche Notizbücher, zwei Plantafeln für die Wand und allerhand toller Büro-Schnickschnack mehr.

Unerwünschte Nebenwirkungen: totale Verzettelung und Reiz-Überflutung vom Feinsten, quasi ein „Selbstorga-Overload". Ich wusste nicht mehr, in welchem System oder Notizbuch ich was notieren sollte und war mehr damit beschäftigt, die verschiedenen Listen und Plantafeln zu pflegen, als diese abzuarbeiten. Das konnte doch nicht Sinn und Zweck der Übung sein!

Ein Zuviel des Guten war in diesen Fall mit einem Zuviel an Aufwand verbunden. Ich hatte schon bald keine Lust mehr auf all die schönen Hilfsmittel. Zu meinem schlechten Gewissen gesellte sich noch das schale Gefühl, das mit der Organisation einfach nicht zu packen.

Was hatte ich falsch gemacht?

Zum einen hatte ich nicht berücksichtigt, dass Selbstorganisation nicht zwingend mit tollen Zeitplanungssystemen verbunden sein muss. Zum anderen hatte ich vergessen, mich zu allererst mit dem grundlegenden Thema „Tagesstrukturen" zu befassen, anstatt mein Glück in den Organisationsmitteln zu suchen.

Ich weiß jetzt: Gelassenheit entsteht, wenn man Dinge sein lässt.

Viele hochsensible Freiberufler, die ich kenne, verzetteln sich in ihren Strukturen und bezeichnen sich als chaotisch, obwohl sie zuverlässig, perfektionistisch und gewissenhaft sind. Aber wahrscheinlich liegt gerade da der Hase im Pfeffer. Denn es kostet Zeit und Nerven, strenge Organisationssysteme zu schaffen, zu pflegen und aufrechtzuerhalten. Nicht nur Hochsensible fühlen sich durch solche Systeme überfordert und überstimuliert. Mittlerweile organisiere ich mich minimalistischer:

„Mini-Max-Prinzip“: So viel wie nötig, so wenig wie möglich.

Da es in diesem Buch in erster Linie um Reduzierung von Überstimulation geht und das Thema Zeitmanagement den Rahmen sprengen würde, lasse ich Sie hier einmal imaginär über meine Schulter gucken. Ich hoffe, dass Sie dadurch einige Anregungen bekommen.

Wie man vorbeugt – Prophylaxe

Alle Aufgaben an einem Ort sammeln (Basisliste)

Ich arbeite mit einer Liste in meinem Filofax, in der ich alle Aufgaben sammle, die reinkommen. Wichtig: Der Zweck dieser Liste ist nicht, diese Aufgaben alle an einem Tag zu erledigen! Sie ist quasi mein „zweites Gehirn“ und hilft mir dabei, nichts zu vergessen und die jeweils wichtigsten Aufgaben zu identifizieren.

Leitfragen für die Tagesplanung

! ICH STELLE MIR AM ABEND VORHER FOLGENDE FRAGEN:

1. Wie viele feste Termine habe ich morgen?
2. Wie viel Unvorhergesehenes könnte morgen reinkommen?
3. Was ist auf jeden Fall morgen fällig, weil ein Aufschub verhängnisvoll wäre oder unangenehme Folgen hätte?
4. Wie viel Zeit habe ich dann noch ungefähr übrig für maximal drei Aufgaben von meiner Basisliste?

Aus dieser Liste hole ich mir für den jeweiligen Tag portionsweise meine Aufgaben heraus. Diese einzelnen Aufgaben übertrage ich mir auf einen Tageszettel. Was erledigt ist, wird feierlich durchgestrichen.

Wenn ich die Fragen 1 bis 3 von meiner geplanten Arbeitszeit abziehe, bleibt eine Zeiteinheit übrig (Frage 4). Von dieser verplane ich maximal 30 bis 50 %, mehr nicht. Verplane ich mehr, laufe ich Gefahr, mir zu viel vorzunehmen, nicht alles zu schaffen und am Ende des Tages komplett ausgelaugt und entsprechend frustriert zu sein.

Der Zufall begünstigt den, der vorbereitet ist.

Mein roter Faden:
Ich plane maximal drei zusätzliche Aufgaben pro Tag von meiner Basisliste ein.

ICH ERLÄUTERE ES IHNEN AN EINEM KONKRETEN BEISPIEL !

(Ausgangsbasis ist ein 8-Stunden-Tag)

1. Wie viele feste Termine habe ich morgen?

Morgen habe ich 2 Coaching-Termine à 120 Minuten
(120 Minuten x 2 = 240 Minuten = 4 Stunden)

Für jedes Coaching brauche ich 30 Minuten Vor- und 30 Minuten Nachbereitungszeit.
(30 Minuten x 2 = 60 Minuten x 2 = 120 Minuten = 2 Stunden)

Da ich noch jeweils 30 Minuten brauche, um ins Büro und wieder nach Hause zu kommen, kann ich schon mal 7 Stunden meines Arbeitstages als fest verplant ansehen. Eine Stunde Gassi gehen mit den Hunden kommt auch noch hinzu.

Würde ich mir zusätzlich einen fetten Batzen Aufgaben aus meinem Aufgabenspeicher vornehmen, wäre ich sehr wahrscheinlich total überfordert und ziemlich schnell überstimuliert.

2. Wie viel Unvorhergesehenes könnte morgen reinkommen?

Telefonate landen auf dem Anrufbeantworter. Oder ich bekomme Anfragen per E-Mail. Da ist wohl nichts Kritisches zu erwarten.

3. Was wird morgen fällig und duldet keinen Aufschub?

15 Minuten: Kundin Schulz eine E-Mail schreiben
15 Minuten: Toner wechseln (kann sonst nicht drucken)
30 Minuten: Kunde Meier anrufen (ab morgen 3 Wochen Urlaub!)

4. Wie viel Zeit habe ich dann morgen noch übrig für maximal drei Aufgaben von meiner Basisliste?

Im Prinzip bleibt nicht mehr viel Zeit übrig: Ich habe morgen einen satten 8-Stunden-Tag vor mir, für den ich auch noch Pausen einrechnen muss. Ich werde also für morgen keine weiteren Aufgaben fest einplanen.

Sollte ich morgen ein totales Energiehoch haben und gut im Flow sein, suche ich mir noch etwas Sinnvolles aus meinem Aufgabenspeicher aus. Aber auch nur dann.

Wenn Sie Ihre Tage konkret unter diesen Gesichtspunkten vorausplanen, werden Sie sehen, wie angenehm es ist, sich auf die wesentlichen Aufgaben zu beschränken. Und sich nicht – wie so oft üblich – mit Ihren To-dos zu überfrachten. Selbstverständlich gibt es immer Ausnahmen. Aber dafür brauchen wir eine Regel, von der wir nach Bedarf abweichen können.

Ich vergleiche meine Basisliste gerne mit einer Speisekammer: Dort lagert Schnellverderbliches wie Fisch oder Fleisch (z. B. eine dringende Kundenanfrage), Dauerwaren wie Nudeln und Reis (ständig wiederkehrende Aufgaben wie Rechnungen schreiben oder Dateien ausmisten) und Frisches, das zeitnah verarbeitet werden sollte, damit es nicht welkt oder schimmelt (Angebot erstellen, E-Mail-Eingang abarbeiten).

Ich esse ja auch nicht täglich meine Speisekammer leer, sondern hole mir lediglich heraus, was unbedingt weg muss oder worauf ich Appetit habe.

Und wenn ich mal nur wenige oder gar keine Termine habe?

ICH ERLÄUTERE ES AN EINEM KONKRETEN BEISPIEL

(Ausgangsbasis ist ein 8-Stunden-Tag):

1. Wie viele feste Termine habe ich morgen?

Morgen habe ich ein Skype-Coaching von 60 Minuten
(1 x 60 Minuten = 1 Stunde)

Für jedes Coaching brauche ich 30 Minuten Vor- und 30 Minuten Nachbereitungszeit.
(30 Minuten x 2 = 60 Minuten = 1 Stunde)

Da ich das Skype-Coaching von Zuhause aus machen kann, spare ich 2 x 30 Minuten Fahrtzeit, hurra! Eine Stunde Gassi gehen mit den Hunden kommt aber auch an solchen Tagen hinzu.

2. Wie viel Unvorhergesehenes könnte morgen reinkommen?

Telefonate landen auf dem Anrufbeantworter. Oder ich bekomme Anfragen per E-Mail. Da kommt wohl nichts Kritisches herein.

3. Was ist morgen fällig und duldet keinen Aufschub?

15 Minuten: Kundin Schulz eine E-Mail schreiben
15 Minuten: Toner wechseln (kann sonst nicht drucken)
30 Minuten: Kunde Meier anrufen (ab morgen 3 Wochen Urlaub!)

4. Wie viel Zeit habe ich dann morgen noch übrig für maximal drei Aufgaben von meiner Basisliste?

Dazu rechne ich erst mal alles zusammen, was schon feststeht:
60 Minuten: Skype-Coaching
60 Minuten: Vor- und Nachbereitung des Coachings
60 Minuten: Gassi gehen
30 Minuten: Telefonat Kunde Meier
15 Minuten: E-Mail Kundin Schulz
15 Minuten: Toner wechseln
60 Minuten: Pause(n)

---

300 Minuten (5 von 8 Stunden) sind also bisher fest verplant.

Übrig bleiben:
180 Minuten (3 Stunden) zur freien Verfügung.

---

60 – 90 Minuten davon verplane ich wieder (= ca. 30–50 %):

Maximal drei Aufgaben von der Basisliste suche ich mir aus:
45 Minuten: Flipchart für Workshop vorbereiten
15 Minuten: Workshop-Ausschreibung überarbeiten
30 Minuten: Social-Media-Beiträge für morgen vorbereiten

---

90 Minuten bleiben übrig.

Diese verplane ich NICHT. Ich nutze diese 90 Minuten für unverhoffte Dinge, als Pufferzeiten oder für mich selbst.

Sollte ich am nächsten Tag wiederum ein Energiehoch haben, suche ich mir aus meinem Aufgabenspeicher etwas Sinnvolles aus. Aber auch nur dann. Alles andere entscheide ich danach, wie dringlich und wichtig es wirklich ist. Das bewahrt mich (meistens) davor, den Tag vollzustopfen und mich zu überreizen.

Aus meinen Workshops weiß ich, dass diese Tipps für Normalsensible hilfreich sind. Sie können sich sicher vorstellen, dass gerade perfektionistische Hochsensible gut daran tun, sich nicht mit Aufgaben zu überfrachten.

Manchmal plane ich keine einzelnen Aufgaben ein, sondern setze mir einen Tagesschwerpunkt. Beispiel: In der Zeit als ich meinen Newsletter ins Leben gerufen habe, habe ich mir an manchen Tagen lediglich vorgenommen „Morgen arbeite ich, so viel es geht, an meinem Newsletter."

Dabei ist es gleich, um welche Schritte es sich handelt – Hauptsache, sie führen dazu, dass ich meinem Ziel näherkomme: Mit Selbstfürsorge entspannt organisiert sein.

Papier oder Elektronik?

Hier positioniere ich mich ganz klar. Da ich lieber mit solidem Papier arbeite, stehe ich dazu. Zwar nutze ich auch ein Smartphone, aber nicht für meine Terminplanung oder Aufgabenverwaltung. Zudem ist bei digitalen Listen die Gefahr groß, doch mal eben schnell zu surfen oder E-Mails zu checken und sich dabei zu verzetteln.

Mein Tipp: Was zählt, ist das, was am besten zu Ihnen und Ihren Vorlieben passt. Was funktioniert, behalten Sie bitte unbedingt bei. Lassen Sie sich nicht von anderen Meinungen oder Trends verrückt machen. Wenn es jedoch irgendwo hakt oder Sie mit einer Methode nicht klarkommen, probieren Sie mit Forschergeist eine andere aus. So habe ich mir im Laufe der Jahre die zu mir passenden Hilfsmittel und Methoden zusammengesucht.

Etwas Hübsches anziehen

Ich kenne einige, die im Home-Office im Schlaf- oder Jogginganzug arbeiten. Mir jedoch bekommt das nicht, da ich in der falschen Kleidung nicht in den Arbeitsmodus komme. Kleidung ist für mich auch immer mit einer bestimmten Atmosphäre verbunden. Ich ziehe mich im Home-Office also „richtig" an, auch wenn ich keine Kunden empfange. Hier stimuliert mich die passende Kleidung im positiven

Sinne. Es muss kein Business-Outfit sein, schöne Alltagskleidung reicht mir vollkommen.

Sobald ich Feierabend habe, reiße ich mir die „offizielle“ Kleidung vom Leib und ziehe mir die geliebte Gymnastikhose und einen flauschigen Kapuzenpullover an.

Gestaltung der Arbeitsumgebung

Da ich zum Glück ein eigenes Büro (für Coachings) und zu Hause auch genug Platz habe, trenne ich Privates und Berufliches. Ich finde es wichtig, sich einen Raum oder wenigstens eine Arbeitsecke einzurichten, die voll und ganz zum Arbeiten geeignet ist und wo Vorgänge auch mal liegen bleiben können. Wenn man nur wenig Platz zur Verfügung hat, helfen auch einfache Paravents oder Vorhänge, um mit seiner Aufmerksamkeit im Arbeitsbereich zu bleiben.

Ich sehe zu, dass ich meine Schreibtischfläche immer frei halte und meine Utensilien notfalls lieber an Wand oder Decke anbringe. Dafür eigenen sich z. B. Regale, Wand-Utensilos oder Hängeampeln.

Toll finde ich überhaupt Möbel mit Rollen. Notfalls baue ich mir einfach selber welche dran. So habe ich z. B. einen praktischen Teewagen an meiner Seite, wo die vielen Bücher lagern, in denen ich immer mal wieder etwas nachschlagen will (ich habe vorerst noch keinen E-Book-Reader).

Unterbrechungen vermeiden

Ein menschliches Gehirn wird nur allzu schnell unterbrechungssüchtig, und Suchtverhalten ist leider nur durch „Entzug“ heilbar. Nichts lenkt mehr ab, als die Eventualität einer vermeintlich wichtigen Nachricht. Also übe ich mich zumindest für begrenzte Zeiten im Entzug und vermeide bestimmte Unterbrechungen. Hier ein paar Beispiele:

- Den automatischen E-Mail-Abruf inklusive Sounds habe ich deaktiviert, damit ich nicht andauernd nachschaue, ob schon eine E-Mail im Postfach gelandet ist. Ebenso die Benachrichtigungen in meinen Social-Media-Kanälen.
- Meine E-Mails checke ich nur zu bestimmten „E-Mail-Öffnungszeiten". Sonst fühle ich mich wie ein Depp, der ständig zum Briefkasten rennt, um nachzuschauen, ob der Postbote schon wieder etwas reingeworfen hat.
- Auch den Vibrationsalarm des Handys deaktiviere ich, wenn ich mich konzentrieren will.
- Um mich nicht in den (Un-)Tiefen des Internets zu verlieren, reserviere ich mir bestimmte Surfzeiten, die ich mithilfe eines Timers begrenze. Während dieser Zeiten darf ich nach Herzenslust recherchieren und auch mal links und rechts des Weges klicken.
- Ich schließe nach (fast) jedem Surfen brav meinen Browser.

Professionelles Arbeitsgerät nutzen

Um nicht von wirklich banalen Dingen unnötig genervt zu sein, gönne ich mir inzwischen nur noch professionelle Büromaterialien. Eine Zeit lang habe ich mit No-Name-Hilfsmitteln (Tacker, Locher, Ordner) aus dem Supermarkt gearbeitet und war regelmäßig aufs Äußerste gereizt, wenn die Ordnermechanik nicht mehr einwandfrei funktionierte oder der Tacker mit seinen krumm getackerten Klammern meine Papiere verhunzte. Es lohnt sich, mit gutem Werkzeug zu arbeiten, da es einfach besser funktioniert. Dazu gehören für mich z. B. auch:

- ansprechendes und funktionelles Mobiliar (viele Schubladen, Rollen, große Arbeitsflächen, abgerundete Ecken und Kanten),
- ein leistungsfähiger Rechner (spart enorm Zeit und Nerven),
- ausreichend helles Licht (Tageslichtlampen),
- gut schreibende Stifte (Schlechtschreiber fliegen bei mir sofort raus),

- original Toner-Kartuschen (Ich habe schon viele Recycling-Produkte ausprobiert und hatte damit immer verschmierte Dokumente),
- Haftnotizen von guter Qualität (die billigen kleben nicht gut oder lassen sich nicht rückstandsfrei abziehen).

Alles, was ich nur halbherzig oder mit untauglichen Materialien ausstatte, überreizt mich schnell, da die Funktionalität oft erheblich eingeschränkt ist. Dinge, die nicht schön anzuschauen sind oder nicht funktionieren, haben einen erheblichen Einfluss auf mein Gemüt. Und somit auf meinen Reiz-Haushalt.

Man muss seine Einrichtung nicht zwingend neu kaufen, es gibt bei eBay-Kleinanzeigen, auf Flohmärkten oder in Gebrauchtwarenläden oft gute Markenprodukte zu kleinen Preisen. Ich kaufe selber gerne secondhand, auch um die Umwelt zu schonen.

Set-up-Plätze einrichten

Es kann sehr hilfreich sein, für wiederkehrende Tätigkeiten bestimmte feste Plätze zu haben, an denen man praktisch gleich loslegen kann. So habe ich z. B. für meine vorbereitende Buchhaltung eine Ecke im Büro, in der ich sämtliche Belege sammle und regelmäßig ablege. Dazu stehen in dieser Ecke immer Locher, Tacker und der entsprechende Ordner bereit, damit ich nicht jedes Mal alles neu hervorkramen muss. Ich besorge mir für solche Plätze die entsprechenden Werkzeuge in zweiter Ausführung. Denn alles ständig neu zusammensuchen zu müssen, ist mir zu nervig.

Wenn nicht genug Platz vorhanden ist, helfen auch „Set-up"-Körbe oder -taschen, in denen die zur jeweiligen Tätigkeit passenden Hilfsmittel lagern. So einen Korb habe ich für meine Zeichensachen. Wenn ich skizzieren oder zeichnen möchte, greife ich mir den Korb und gehe damit an den Platz, an dem ich gerade gerne zeichnen möchte. Wenn ich damit fertig bin, packe ich wieder alles in den Korb zurück. So bin ich jederzeit einsatzbereit, wenn mich die Zeichenlust überkommt. Das Gleiche mache ich mit Büchern, da ich meistens mehrere Fachbücher parallel lese. In meinen Bücherkörben sind immer ein gelber Marker, ein Bleistift, große und kleine Haftnotizen und das entsprechende Buch zu finden.

Toll finde ich auch Stehpulte, an denen man z. B. nur telefoniert, Blogbeiträge schreibt oder den Austausch über Social Media betreibt.

Zu Papier bringen und Visualisieren

Ich schreibe mir grundsätzlich alles auf; was zu tun ist oder an was ich mich auch später noch erinnern möchte, bevor mein Kurzzeitgedächtnis es wieder löscht. Denn alles, was ich nicht aufschreibe, belastet irgendwann mein Gehirn beim Denken und stimuliert mich negativ. Wenn es erst mal in meinem Filofax steht, kehrt vorerst Ruhe in meinem Nervenkostüm ein. Eine Wohltat.

Der Kopf ist zum Denken da – nicht zum Merken.

Für umfangreichere Projekte nutze ich Mind-Maps. Das sind sozusagen Gedächtnis-Landkarten, mit deren Hilfe ich zum einen assoziativ arbeiten kann und zum anderen einen guten Überblick über alle kleinen und großen Projektschritte bekomme (siehe hierzu auch Kapitel „Reiz-Imprägnierung am Arbeitsplatz").

Mini-Pausen machen

Zwischen zwei Aufgabenblöcken mache ich kleine Ein- bis Fünf-Minuten-Pausen, um mich wieder zu sammeln. Ich habe Raucher schon immer um ihre Pausen beneidet, wenn auch nicht ums Rauchen. Als Nichtraucher mache ich meine Pausen z. B. so:

- Eine Minute aus dem Fenster in die Ferne sehen.
- Hände eine Minute aneinanderreiben und anschließend auf die geschlossenen Augen legen.
- One-Minute-Meditation (mehr dazu im Kapitel „Schöne Dinge tun und Energie tanken").
- Ans offene Fenster stellen und ein paar Mal tief durchatmen.
- Mich recken und strecken.
- Ein Glas Wasser auf Ex trinken.
- Arme und Beine ausschütteln.
- Meine beiden Hunde durchkraulen (eine klassische Win-win-Situation).

Not-To-do-Liste machen und beherzigen

Das Prinzip dieser Liste kann man auf viele Bereiche anwenden. Es geht ganz einfach darum, sich bewusst zu machen, welche Dinge man in bestimmten Kontexten NICHT tun wird. Zum Beispiel, weil sie einem schaden, Energie kosten oder überstimulieren.

Auf meiner Liste stehen derzeit folgende Dinge:

- Facebook und Twitter geöffnet haben, während ich eine Aufgabe erledige (lenkt mich zu sehr ab).
- Morgens vor 8 Uhr in meine E-Mails schauen (löst bei mir gleich das ungute Gefühl aus, sofort ganz viel tun zu müssen).
- Schreibtisch mit Papieren überfrachten (macht mich total wuselig).
- Beim Lesen eines Blogs auf jeden weiterführenden Link klicken (lässt mich schnell überreizen).
- Den ganzen Tag in der Bude hocken, ohne wenigstens einmal in der Natur gewesen zu sein (ich brauche die Natur, um mich zu „entreizen").
- Mehr als zwei Becher Kaffee trinken (Koffein stimuliert mich sehr, nach zwei Bechern greife ich zu Kräutertee).

- Weniger als 1,5 Liter Wasser trinken (zu wenig zu trinken ist nie gut).
- Zwischen 13 und 16 Uhr schwierigen Schreibkram erledigen (da habe ich mein kognitives Tief; Coaching dagegen funktioniert gut).
- Länger als 60 Minuten am Stück ohne Pause an einer Aufgabe arbeiten (stimuliert mich stark über Gebühr).
- Ohne Zeitpuffer zu einem Termin fahren (mag ich gar nicht, da bin ich sofort reizüberflutet).
- Mehr als 3 x täglich meine E-Mails checken (jede E-Mail enthält explizit und implizit einen Arbeitsauftrag – und wenn es nur das Löschen ist).
- Eine E-Mail mehr als zweimal anfassen, ohne sie zu beantworten (das ist so, als würde ich meine Post immer wieder in den überfüllten Briefkasten zurückstopfen – nicht gut).
- Mich mehr als drei Klicks von jedem Online-Suchergebnis zu entfernen.

Mit Handlungszielen arbeiten

Die Arbeit mit Zielen ist ja nicht jedermanns Sache. Vor allem deshalb, weil man bei Ergebniszielen (Was will ich bis wann erreichen?) nicht immer alle Einflussfaktoren selbst in der Hand hat.

Ich arbeite daher gern mit Handlungszielen (Welche Handlung muss ich täglich ausführen, um ... zu erreichen?), die allein in meinem Einflussbereich liegen. Über Gewohnheiten und Rituale kann ich mir gute Bedingungen schaffen und erreiche so auch bestimmte Ziele leichter.

! **HIER EINIGE BEISPIELE FÜR HANDLUNGSZIELE**

Welche Handlungen muss ich ausführen, um als Coach bekannter zu werden?

Ich mache täglich 30 Minuten Social-Media-Marketing, um sichtbar zu sein.

Was tue ich, damit ich am Ende der Woche einen leeren E-Mail-Eingang habe?

Alle E-Mails, deren Beantwortung maximal 5 Minuten dauert, beantworte ich gleich nach dem Lesen (in meiner festen E-Mail-Zeit morgens und nachmittags.).

Was werde ich täglich realisieren, um mir Gutes zu tun?
- 30 bis 60 Minuten strammes Gehen.
- „One-Minute-Meditation" nach dem Zähneputzen.
- Keine Coachings vor 10 Uhr.
- Einen Apfel essen.
- Yoga-Übung „Sonnengruß" vor offenem Fenster.

Sie sehen, hier liegt es ganz bei mir, ob ich meine Ziele erreiche oder nicht. Natürlich kann mal das Internet streiken oder das Wetter zu eklig sein, um rauszugehen. Das wären dann die berühmten Ausnahmen von der Regel. Auf diese einfache Art und Weise lassen sich auch hervorragend Rituale etablieren und bekömmliche Tagesstrukturen finden.

Wenn man mittendrin ist – der Notfallplan

Manchmal gibt es Tage, an denen es bei mir auch im (Home-)Office drunter und drüber geht – auch wenn ich meine Umgebungs- und Arbeitsbedingungen selbst bestimmen kann. Vieles von dem, was ich zuvor geschrieben habe, können Sie auch hier anwenden. Dennoch sind mir ein paar Sachen eingefallen, die ich in überstimulierenden Gemütsverfassungen hilfreich finde:

Wieso – weshalb – warum?

Manchmal habe ich Aufgaben auf meiner To-do-Liste, die gar nicht so wichtig sind, wie ich vielleicht denke. Wenn ich merke, dass meine Liste zu voll wird, prüfe ich meine Aufgaben (ganz besonders die „Ladenhüter“, die ich schon länger mit mir herumschleppe) mit nachfolgenden Fragen:

- Warum muss ich diese Aufgabe eigentlich erledigen? (Muss ich das? Will ich es? Würde ich einfach nur gerne?)
- Was ist das Beste, das passieren kann, wenn ich diese Aufgabe erledige?
- Was ist das Schlechteste, was passieren kann, wenn ich diese Aufgabe nicht erledige?

So gelingt es mir, Aufgaben, die mich nicht wirklich weiterbringen, zu streichen, ohne sie erledigt zu haben. Wunderbar.

Das Fokus-Modell anwenden

Es gibt allerdings Phasen, da habe ich trotz bester Ordnung das Gefühl, einmal von oben auf meine Aufgaben draufgucken zu müssen, um mir einen Überblick zu verschaffen.

Dann nutze ich das „Fokus-Modell“ (ich erkläre es Ihnen im Kapitel „Schöne Dinge tun und Energie tanken“) und mache mir ein aktuelles Bild davon, was wirklich gerade lebensnotwendig ist und was nicht. Bei Überstimulation verschiebt sich oft mein Fokus und unwichtige Dinge bekommen zu viel Gewicht. Nachdem ich das Fokus-Modell für mich ausgefüllt habe, kann ich meistens wieder klar sehen (und denken). Ich priorisiere auf einfache Art und Weise und weiß dadurch, welche Aufgaben als nächstes wirklich sinnvoll sind.

Die Eieruhr

Um mich besser zu fokussieren, nutze ich gerne eine Eieruhr.

Ich persönlich finde die klassische analoge Eieruhr noch besser als den Timer im Handy, da mir das Ticken einen Zeitrahmen gibt.

In Phasen, in denen ich mich leicht verzettele, hilft sie mir, erst ein Ende und dann wieder einen Anfang zu finden und die Schaffensphase überschaubar zu halten. Auch sorgt das Ticken für ein wenig „Feuer" und hilft mir, fokussierter vorzugehen. Meistens setze ich sie sogar von vornherein ein, damit meine Arbeitsphasen nicht ausufern. Aber auch als Notfall-Hilfe leistet sie mir wertvolle Dienste.

Zu Lieblingsmusik tanzen oder hüpfen

Auch wenn das jetzt vielleicht etwas seltsam klingt: Meine Lieblingsmusik hilft mir, mich wieder zu besinnen, wenn ich mich festgebissen habe. Auch wenn es sich um zusätzlich akustische Reize handelt, kann die passende (und vor allem selbstbestimmt ausgesuchte) Musik sehr zur „Entreizung" beitragen. Ich suche mir einfach ein Musikstück vom Laptop oder bei YouTube aus, drehe laut auf und tanze, wie mir der Sinn steht. Es ist auch ganz egal, wie ich dabei aussehe, es sieht mich ja außer meinen Hunden niemand. Hier geht in erster Linie um die angenehme Bewegung, die mir hilft, den festgefahrenen Geist wieder zu beleben.

Tanzen hilft einerseits, Körper und Geist zu lockern und andererseits, das eine oder andere Hochgefühl in sich auszulösen. Nicht umsonst gilt Tanzen als eine sehr heilsame Bewegungsform bei vielen Leiden: Depressionen, Traumata, Essstörungen und vielem mehr.

Wer nicht tanzen mag, kann auch hüpfen. Wenn ich in meinen Workshops kleine Hüpf-Übungen zur Auflockerung einbaue, wird jedes Mal von Herzen gelacht. Danach herrscht immer eine gute Stimmung, denn durch die Bewegung und das Lachen wird der Geist auf einfache Weise erfrischt. Sollten Sie ein Mini-Trampolin besitzen, haben Sie den perfekten Pausen-Spaß zur Verfügung.

Ort wechseln

Wenn ich im Home-Office keinen klaren Gedanken mehr fassen kann, sehe ich zu, dass ich rauskomme. Wenn ich noch nicht Feierabend machen kann, da bestimmte Aufgaben noch unbedingt zu erledigen sind, suche ich mir ein anderes Fleckchen. Gerne gehe ich dazu in ein ruhiges (!) Café, wo ich ungestört arbeiten kann. Hätte ich eine Bibliothek in der Nähe, würde ich dahin gehen. Im Sommer suche ich mir auch eine schöne Parkbank irgendwo in der Natur oder gehe in den Garten. Durch die neuen aber sanften Eindrücke erhöhe ich die Chance, aus der überreizten Stimmung herauszukommen und mich wieder zu besinnen.

Ordnung schaffen

Meist ist Reiz-Überflutung bei mir mit Chaos verbunden. Chaos in meinem Kopf oder in meiner Umgebung. Mir fällt es sehr schwer, mich zu konzentrieren, wenn um mich herum ein Durcheinander herrscht. Meistens verursache ich das Durcheinander auch selbst, indem ich den Schreibtisch – und damit mein Augenmerk – mit Papier, Büchern, Stiften und Bürogeräten überfrachte.

Hier hilft mir auch wieder die Eieruhr. Zum Aufräumen stelle ich mir die Uhr auf maximal 10 Minuten, damit ich nicht Gefahr laufe, meine eigentlichen Aufgaben aus den Augen zu verlieren. Es ist immer wieder erstaunlich, wie schnell und fokussiert ich mithilfe der Eieruhr aufräumen oder generell etwas erledigen kann.

Ein Nickerchen machen

Gerade zu Hause habe ich die besten Bedingungen, mir ein 20-minütiges Power-Napping zu gönnen. Das hat mir schon aus mancher Krise geholfen, da ich nach dem Aufwachen meistens total erfrischt und auch wieder bei geordnetem Verstand bin. So als würde meine fragmentierte Festplatte durch das Schläfchen defragmentiert werden.

Im Büro habe ich für solche Momente eine Klappmatratze und eine flauschige Fleecedecke parat.

Lavendel schnuppern

Das Schnuppern an Lavendel kann sehr beruhigend wirken. Ich habe Lavendel im Garten und mache mir daraus gerne kleine Sträußchen, die ich zum Trocknen aufhänge. Somit habe ich immer Lavendel im Haus, an dem ich bei Bedarf rieche und mich beruhigen kann. Ein Hauch von Lavendel kann meine überforderten Sinne wieder etwas sortieren. Es gibt z. B. in Bioläden auch Lavendelblüten oder -öl zu kaufen.

Herzhaft gähnen

Ja, Sie lesen richtig: Herzhaftes Gähnen ist eine schöne und entspannende Mini-Intervention, die man auch willentlich herbeiführen kann.

Legen Sie dazu Ihre Handflächen auf den unteren Brustkorb. Versuchen Sie nun, Ihren Brustkorb zu dehnen, indem Sie die Schultern nach hinten biegen. Lassen Sie anschließend Ihre Arme ruhig und entspannt an Ihrem Körper herabhängen. Und schon sollten Sie herzhaft … Uaaahhhh …!

Gähnen macht unseren Atem ruhiger, versorgt uns mit Sauerstoff und entspannt uns für einen Augenblick. Da wir meistens auch stärker dabei blinzeln, werden trockene Augen wieder mit frischer Tränenflüssigkeit gespeist. Ideal, wenn man den ganzen Tag auf den Bildschirm starrt.

(Während ich diesen Absatz schreibe, habe ich mindestens achtmal gegähnt. Ob Ihnen bei Lesen wohl auch ein Gähnen entweicht?)

Interessante Informationen über „Digitalen Augenstress“ finden Sie in der Broschüre „Besser Sehen mit der Bildschirmbrille“ des Kuratoriums für Gutes Sehen. Online verfügbar unter „http://www.sehen.de/newsroom/besser-sehen-mit-der-bildschirmarbeitsplatzbrille/#more-1495“.

Zwei Minuten nichts tuend online sein

Eine echt witzige Seite ist „http://www.donothingfor2minutes.com“. Die sollten Sie sich unbedingt in Ihrer Lesezeichenleiste Ihres Browsers abspeichern. Immer dann, wenn Sie am Rechner sitzen und sich um Kopf und Kragen gearbeitet (oder gesurft) haben, können Sie diese 2-Minuten-Pause einbauen. Meeresrauschen inklusive. Oder Sie ritualisieren diese kleine Online-Auszeit am Rechner, indem Sie den Link dreimal am Tag aufrufen.

FREUNDSCHAFT UND BEKANNTSCHAFT – HEGE, PFLEGE UND DOSIERUNG

„Freundinnen müsste man sein. Dann könnte man über alles reden. Über jeden geheimen Traum. (...). Und man könnte die Nacht durchtanzen, ohne auszuruhen. Man wäre unbeschwert und den ganzen Tag gegen Einsamkeit immun (...).“

Funny van Dannen singt hier so locker von dem, was für viele Hochsensible eine echte Herausforderung ist. Einerseits wünschen sie sich Nähe und Verbundenheit, andererseits brauchen sie viel Ruhe und sind auch ziemlich gerne allein.

„Hallo Kinder!“, soll einer der Sätze gewesen sein, mit denen ich im Vorschulalter auf andere Menschen zuging, ganz gleich wie alt sie waren. Meine Eltern (wir erinnern uns: beide hochsensibel und eher introvertiert) hatten mich als Einzelkind in die Welt gesetzt, was (leider) auch so bleiben sollte. Besonders meiner Mutter war daran gelegen, dass aus mir als Einzelkind kein einsamer Nerd wurde. Sie ermunterte mich stets aufs Neue, auf andere Kinder zuzugehen und diese zu fragen, ob sie mit mir spielen wollen – was ich auch brav befolgte. Die Folge: Ich hatte in der meisten Zeit meiner Kindheit und Jugend ausreichend Spielgefährten und fühlte mich demzufolge nie allein.

Auf der anderen Seite konnte ich mich aber auch gut mit mir selbst beschäftigen, konnte stundenlang alleine mit meinem Lego spielen oder Prinzessinnen zeichnen. Wenn ich ehrlich bin, habe ich das sogar sehr genossen, da ich dann schön meine Ruhe hatte.

„Die meisten nervenerregenden Reize in unserer Umwelt werden von anderen Menschen verursacht."

Elaine N. Aron in „Sind Sie hochsensibel?"

Ich bin also damit groß geworden, ein verträgliches Maß an Geselligkeit zwischen „Wir-Zeit" und „Ich-Zeit" auszutarieren.

Wie ich inzwischen weiß, geht es anderen kontaktfreudigen Hochsensiblen auch so. Denn hochsensibel zu sein bedeutet nicht, dass man kontaktscheu ist. Ganz im Gegenteil: Ich kenne mittlerweile viele Hochsensible, die einen großen Freundes- und Bekanntenkreis haben. Ganz gleich, ob sie eher intro- oder extrovertiert sind.

Die „richtige Dosierung Mensch" scheint daher für Hochsensible ein wichtiges Thema zu sein. Aufgrund ihres Wesens sind sie oft sozial sehr kompetent und beliebt, sie gelten als gute Zuhörer und sind meist sehr ernsthaft an anderen interessiert. Viele von ihnen schätzen eine gute Beziehungsebene, fungieren oft als Ratgeber, sind achtsam, behutsam und meistens verständnisvoll.

Wichtige Einschränkung: Wenn es ihnen gut geht! Sie haben daher oft damit zu kämpfen, ein verträgliches Maß an Geselligkeit zu finden. Im Coaching äußern sie oft den Wunsch, sich besser von anderen abzugrenzen.

Mir persönlich gefällt das Wort „abgrenzen“ nicht so richtig. Ich spreche lieber davon, sich mit seinem Wesen zu integrieren. Selber nutze ich gerne die Begriffe „Wir-Zeit“ und „Ich-Zeit“. Beide Zeiten haben ihre Berechtigung und können wunderbar parallel existieren.

Gute und tiefe Freundschaften brauchen vor allem bei Hochsensiblen ausreichend Reifezeit. Gleichwohl geht es ja nicht immer um tiefe Freundschaften, die gepflegt werden wollen. Auch das Verhältnis zu Bekannten, Kollegen oder Gleichgesinnten aus anderen Zusammenhängen (Sport, Verein, Ehrenamt) will gepflegt und gut dosiert werden.

Wir bewegen uns während des Kontakts zu Menschen prinzipiell in einem Kontinuum aus „Nähe und Distanz“. Unsere jeweiligen Bedürfnisse sind sehr unterschiedlich, auch bei Hochsensiblen untereinander. Der Mensch ist ein soziales Wesen und braucht eine gewisse Verbundenheit mit anderen. Der eine mehr, der andere weniger. Da die jeweiligen Bedürfnisse und Vorlieben sehr individuell sind, ist es schwierig, das passende Maß zu finden und allgemeingültige Tipps zu geben.

Daher werde ich Ihnen an eigenen Beispielen aufzeigen, wie ich mein Bedürfnis nach „Ich-Zeit“ im Alltag umsetze. Und trotzdem „Wir-Zeit“ genieße.

Wie man vorbeugt – Prophylaxe

Tagesplanung

Kurz gesagt: Habe ich tagsüber häufig Kontakt mit Menschen, brauche ich abends so gut wie immer „Ich-Zeit“ – und nehme mir demzufolge nichts mehr vor. Das klappt allerdings nicht immer.

Manchmal sage ich Verabredungen für den Abend sehr lange im Voraus begeistert zu. Zu dem Zeitpunkt steht dann allerdings die Planung meines Arbeitstages noch nicht fest. Wenn ich dann an dem Tag einen Workshop gebe, kann es dazu kommen, dass ich von morgens bis abends Menschen um mich habe. Am Abend bin ich dann oft überstimuliert und damit leider auch ziemlich einsilbig. Als mundfaule und überreizte Person bin ich dann für mein Gegenüber auch nicht wirklich inspirierend. Notfalls bitte ich darum, den Abendtermin zu verschieben.

Autonom bleiben

Zu Verabredungen fahre ich am liebsten mit dem eigenen Auto. Das gibt mir das gute Gefühl, unabhängig zu sein und jederzeit nach Hause fahren zu können, wenn ich nicht mehr gesellig sein mag. Klingelt das Telefon und mir ist gerade nicht nach Reden zumute, sage ich dem Anrufer, dass ich ihn zu einem anderen Zeitpunkt zurückrufe.

Belastungsgrenzen ausloten

Ich probiere gerne aus, wie viel Kontakt gut für mich ist. So weiß ich inzwischen, dass ich maximal zwei Coachings am Tag mache, in wenigen Ausnahmefällen auch mal drei. An solchen Tagen reicht meine Energie, wenn überhaupt, nur noch für ein abendliches Treffen von maximal zwei Stunden. Wenn ich das nicht überstrapaziere, klappt es ganz gut. Auch habe ich inzwischen ein Gefühl dafür, wie lange bestimmte Treffen dauern dürfen, besonders die, bei denen das Gespräch im Vordergrund steht. Dauert ein Plaudertreffen zu lange, kann mich das sehr viel Energie kosten. Ist es dagegen angemessen zeitlich begrenzt, kann es mir sogar Energie geben.

Manchmal muss man sich von anderen entfernen, um sich wieder annähern zu können.

Rückzugsort schaffen

Wenn ich längere Zeit mit mehreren Menschen verreise, versuche ich nach Möglichkeit, mir ein eigenes Zimmer zu buchen. So genieße ich das gute Gefühl, mich jederzeit eine Weile zurückziehen zu können. Ist das nicht möglich, gehe ich gerne zwischendurch alleine spazieren. Bekomme ich selber Besuch, spreche ich offen über mein Rückzugsbedürfnis und ermuntere die anderen, sich ebenfalls Rückzugszeiten zu genehmigen oder sich einfach selbst zu beschäftigen.

> Alleinsein hilft vielen Hochsensiblen und Introvertierten, sich zu regenerieren und Dinge innerlich zu klären. Sie halten es ziemlich gut mit sich alleine aus.

Als ich noch nichts von meiner Hochsensibilität wusste, dachte ich immer, ich müsste meinen Besuch die ganze Zeit unterhalten und habe mich dadurch total verausgabt. Heute kann ich damit ganz anders umgehen – und es klappt richtig gut.

Nahestehende einweihen

Mein engeres Netzwerk weiß von meiner Hochsensibilität und kennt meine Vorliebe für Ich-Zeiten. Man wundert sich inzwischen nicht mehr, wenn ich mich für eine Weile aus der Gemeinschaft zurückziehe, und lässt mich einfach so sein, wie ich bin. Wenn ich dann wieder aufgetankt habe, kehre ich entspannt zurück in die Gemeinschaft.

Erwartungen drosseln

Es ist ratsam, nicht zu viel Fürsorge und Verständnis von anderen zu erwarten. Denn es liegt in meiner Eigenverantwortung, mich rechtzeitig zurückzuziehen. Da wäre es nicht gut, andere auf mich „aufpassen“ zu lassen. Außerdem wissen die anderen nicht, was genau ich brauche, vor allem nicht, wenn sie es selbst nicht brauchen.

Soziale Medien und E-Mail nutzen

Für mich ist das Internet ein wahrer Segen, besonders die sozialen Netzwerke. Dank Internet habe ich nicht den Druck, mich permanent persönlich verabreden zu müssen, damit man sich nicht aus den Augen verliert. Ich kann den Kontakt jederzeit über das Internet auffrischen und am Laufen halten. Ich kann am Leben der anderen teilhaben und mich so mit ihnen „synchronisieren“. Es ist so herrlich unkompliziert!

Ich betrachte die sozialen Netzwerke als meine virtuellen Kaffeehäuser, in denen ich mich mit meinen Freunden und Bekannten treffe. Mein Lieblingscafé ist derzeit Facebook. Das zweitliebste Twitter. Ab und zu schaue ich bei XING und bei google+ rein.

- Wie in einem echten Café kann ich in Ruhe andere beobachten, ohne mich am Gespräch beteiligen zu müssen – sprich: Im Newsfeed, also den Meldungen der anderen, stöbern.
- Ich kann mich zu jemandem an den Tisch setzen und mit ihm plaudern – sprich: Auf ein Posting von ihm reagieren, es kommentieren oder einen Chat mit ihm beginnen.
- Oder ich kann selbst ein Gespräch eröffnen und darauf warten, dass jemand einsteigt – sprich: Selber ein Foto oder einen Beitrag posten und damit andere zum Austausch einladen.

Das gefällt mir. So kann ich sowohl für mich sein und parallel dazu wohldosiert den Austausch genießen. Jederzeit. Praktisch an jedem Ort, an dem ich Empfang habe. Sogar über mein Smartphone. Auch an Feiertagen. Und wenn ich will, sogar im Urlaub. Und das, ohne mich auszulaugen.

Da ich nicht besonders gern telefoniere, dafür aber sehr gerne schreibe, kann ich so auch diese Präferenz wunderbar nutzen. Da ich außerdem leidenschaftlich gerne fotografiere, kann ich auch andere daran teilhaben lassen, indem ich Fotos in meine Profile einstelle.

Klar, manchmal können die vielen Meldungen in den Timelines überstimulierend wirken. Ich drohe mich dann schnell im Gewimmel zu verlieren oder mich am vielen Input zu „überfressen". Kein Problem, denn dann nehme ich mir dort einfach eine Auszeit. Und manchmal habe ich auch keine Lust, mich virtuell auszutauschen oder etwas von mir zu zeigen. Das darf sein. Denn das nimmt mir keiner krumm; Auszeiten sind auch in den sozialen Medien völlig in Ordnung.

Daher arbeite ich in den sozialen Netzwerken häufig mit Filtern und Listen. So kann ich in überstimulierenden Phasen gezielt bei bestimmten Menschen vorbeischauen.

Noch dazu fühle ich mich dadurch bereichert, zu wissen, dass „da draußen" sehr viele nette Menschen nahezu jederzeit da sind, wenn ich einen Austausch mit ihnen suche. Die physische Nähe ist mir sehr viel weniger wichtig als die gemeinsame Wellenlänge.

Allen Kritikern zum Trotz: Ich habe über die sozialen Netzwerke so viele tolle Menschen kennengelernt, mit denen ich mich auch schon live getroffen habe. Und ich habe sogar echte Freundschaften schließen können. Ohne das Internet wäre das garantiert nicht so leicht. Ich kann es Hochsensiblen sehr ans Herz legen. Zum einen, um ihre Freundschaften und Bekanntschaften zu pflegen und zum anderen, um neue Menschen kennenzulernen.

Wenn man mittendrin ist – der Notfallplan

Mittendrin und trotzdem bei mir sein

Manchmal bin ich unter Freunden und mein Aufnahmekontingent ist total erschöpft. Wenn es dann aber gerade besonders schön oder lustig ist, möchte ich mich nicht zurückziehen. Einerseits aus Angst, etwas zu verpassen, andererseits, weil ich die Nähe trotz allem sehr genieße. Es gibt zwei Dinge, die ich dann gerne mache:

Ich schnappe mir mein Skizzenbuch und zeichne etwas. So kann ich bei den anderen sein und trotzdem auch „zu mir kommen“, indem ich mich aufs Zeichnen konzentriere. Manchmal nähe ich auch etwas nebenbei.

Dann und wann lege ich mich auch der Länge nach aufs Sofa und döse, während die anderen weiterreden oder spielen. Auch das mag ich sehr, und mit eingeweihten Freunden ist das überhaupt kein Problem.

Ich kenne viele, die unter Menschen sitzend stricken, im Internet surfen oder den Hund kraulen. Dies sind allesamt Möglichkeiten, sich ein wenig zurückzuziehen, ohne die geschätzte Gesellschaft ganz zu verlassen. Mit Menschen, die einem wohlgesonnen sind, geht das hervorragend.

Gehen oder bleiben?

Ob man eine Feier früher verlässt oder noch bleibt, entweder aus Höflichkeit oder aus Angst, etwas zu verpassen, ist ein typisches Problem für viele Hochsensible. Ich glaube, es gibt da kein richtig und kein falsch, denn jede Entscheidung hat ihren Preis.

Wenn ich bleibe, riskiere ich, mich von Reizen übermäßig stimulieren zu lassen und am nächsten Tag ausgelaugt zu sein. Verlasse ich die Runde, nehme ich in Kauf, weniger in die Gemeinschaft eingebunden zu sein oder etwas zu verpassen. Mein Bauch weiß in der Regel, was gerade die beste Entscheidung für mich ist.

! **IN SOLCH KNIFFLIGEN SITUATIONEN HELFE ICH MIR MIT FOLGENDEN FRAGEN**

- Was schadet es mir im schlimmsten Fall, wenn ich jetzt gehe?
- Was nützt es mir im besten Fall, wenn ich noch bleibe?

Die passende Verabschiedung

Wenn ich mich also dazu entschließe, eine Veranstaltung zu verlassen, tue ich das gerne still und leise. Das hat den Vorteil, keine Aufbruchstimmung zu erzeugen oder gar den Gastgeber in seiner Feierlaune zu bremsen. Außerdem laufe ich nicht Gefahr, mich zum Bleiben überreden zu lassen oder mich zu rechtfertigen. Der Veranstalter oder Gastgeber bekommt es meistens gar nicht mit, wenn noch genug andere Gäste da sind. Damit es jedoch nicht unhöflich erscheint, bedanke ich mich am nächsten Tag per E-Mail für die Einladung.

Achtung: Wenn es sich um eine „Veranstaltung“ zu zweit handelt, sollten Sie sich etwas anderes einfallen lassen …

Wie zuvor schon geschrieben: Freundschaft ist etwas sehr Individuelles. Da es natürlich noch viel mehr zu diesem Thema zu sagen gibt, verweise ich im Literaturverzeichnis auf hervorragende Literatur, deren Schwerpunkt bei hochsensiblen Freundschaften und Partnerschaften liegt.

Der Hochsensible als Freund: eine Gegenüberstellung	
Sucht sich gerne Freunde auf gleicher Wellenlänge (emotional und kognitiv).	Findet er diese nicht, bleibt er lieber alleine, als sich Menschen anzuschließen, die gänzlich anders ticken.
Ist meist ein achtsamer Zuhörer und fungiert gern als Ratgeber.	Kann dazu tendieren, sich in Probleme reinziehen zu lassen oder als Briefkastenonkel oder Kummerkastentante zu dienen.
Interessiert sich meist sehr für sein Gegenüber.	Kann sich nicht immer von den Gefühlen des anderen abgrenzen, lässt sich leicht davon absorbieren.
Geht oft behutsam und feinfühlig vor.	Ist ziemlich duldsam und traut sich nicht immer, Dinge offen anzusprechen.
Ist meist sehr hilfsbereit und entgegenkommend und tut sehr viel für seine Freunde.	Neigt bisweilen dazu, mehr auf die Bedürfnisse anderer als auf die eigenen zu achten.
Führt gern tiefgründige Gespräche, interessiert sich für Hintergründe und hinterfragt vieles.	Neigt dazu, vieles zu ernst zu nehmen. Lässt sich nicht gerne auf oberflächliches Geplänkel ein.
Hat hohe Ansprüche an sich und andere, ist sehr verlässlich und gewissenhaft.	Kann sehr streng mit sich und anderen sein, wenn seine Ansprüche nicht erfüllt werden.
Ist sehr vielseitig interessiert und lernt gerne Neues hinzu.	Wenn sein Gegenüber nicht mitkommt, kann er es schnell aus den Augen verlieren.
Hat ein großes Bedürfnis nach Transparenz und Offenheit.	Nimmt sich Kritik sehr zu Herzen, leidet darunter, wenn er Fehler macht oder die Harmonie gestört ist.
Engagiert sich bisweilen sehr für eine Freundschaft.	Tendiert dazu, andere sehr nah an sich heranzulassen und sich dadurch zu verausgaben.

(SELBST-)FÜRSORGE IN DER PARTNERSCHAFT

„Liebe ist ... die wunden Punkte des anderen zu schonen.“

Diesen Satz sagte vor einigen Jahren eine Seminarteilnehmerin so treffend. Ich finde, da ist sehr viel dran: Besonders Hochsensible möchten in ihrer Verwundbarkeit, aber vor allem vor Reiz-Überflutung, geschont werden. Doch auch sie können eine Menge dazu beitragen, andere zu schonen.

„Bitte, bitte, bitte, verwenden Sie Ihr Temperament nicht als Entschuldigung dafür, Ihrem Partner gewaltig auf die Nerven zu fallen“, schreibt Elaine N. Aron auf Seite 302 in ihrem Buch „Hochsensibilität in der Liebe“.

Als ich das las, musste ich an meinen Mann denken. Und fühlte mich ertappt. Sie müssen nämlich wissen: Mein Mann ist normalsensibel und beneidenswert extrovertiert. Er ist manchmal eine echte Herausforderung für mich und meine Präferenzen der Ruhe und Reiz-Armut. Allerdings bin ich mit meiner Überreizung auch häufig eine echte Herausforderung für ihn mit seinem Wunsch nach Stimulation und Konversation.

Beispiel:
Wenn ich erschöpft nach Hause komme, möchte er am liebsten gleich wissen, wie denn so mein Tag war. Über sein Interesse freue

ich mich sehr, kann es jedoch nicht immer so zeigen, da ich abends meist ziemlich überstimuliert bin. Bis ich mich heruntergeregelt habe, ist es für meinen Mann nicht leicht, denn auch er möchte mir gerne von seinem Tag erzählen und seine Fragen und Neuigkeiten loswerden. Das findet er manchmal ganz schön unbefriedigend, besonders dann, wenn er gerade übersprudelt und ich nicht aufnahmebereit bin. So reden wir meist erst ausführlicher, wenn wir zusammen essen. Vorher habe ich mich im besten Fall mit kleinen selbstfürsorglichen Ritualen „entreizt".

Im Grunde kann man diese Situation mit einer Landkarte vergleichen, auf der sich beide Partner gerade verorten. Nach dem Motto: Hier stehe ich – und dort stehst du.

Der Hochsensible befindet sich stimulationsmäßig womöglich gerade in Berlin auf dem Ku'damm. Er mag vor lauter Überreizung jedoch nicht mehr länger dort sein und sehnt sich nach Ruhe.

Der Normalsensible befindet sich dagegen reizmäßig auf dem platten Land, irgendwo in der entlegenen Uckermark. Der Normalsensible will am liebsten sofort auf den Ku'damm, während der Hochsensible sehnsüchtig mit der Uckermark liebäugelt.

Das kann nach zwei Stunden schon wieder ganz anders aussehen – je nachdem, was in der Zwischenzeit los war bzw. wie gut beide für ihre jeweiligen Bedürfnisse gesorgt haben.

Es ist nun einmal so, dass es in Beziehungen unterschiedliche Toleranzgrenzen gibt. Noch dazu können und sollten wir uns abschminken, den anderen ändern zu können. Das funktioniert nicht, wir haben nicht wirklich Einfluss darauf – und wenn doch, dann meistens keinen guten. Da hilft nur eins: Anzuerkennen, dass man zwei unterschiedliche Nervensysteme hat und das Beste draus machen.

Schließlich ergänzt man sich dadurch ja auch hervorragend und hat meist trotzdem viele Gemeinsamkeiten.

Was Paare tun können und sollten:

- Sich immer wieder arrangieren und abstimmen.
- Dazu beitragen, für Ausgewogenheit zu sorgen.
- Sich gute Rahmenbedingungen schaffen.

Das Thema Partnerschaft, noch dazu gepaart mit Hochsensibilität, ist ein sehr großes. So groß, dass es dazu eigene Bücher gibt, z. B. von Elaine N. Aron (Hochsensibilität in der Liebe, 2006).

Nichtsdestotrotz habe ich Ihnen einige praktische Tipps und Denkanstöße zusammengetragen und lasse mir von Ihnen auch diesmal ein wenig über die Schulter gucken. Los geht's:

Wie man vorbeugt – Prophylaxe

Nähe und Distanzbedürfnisse klären

Nicht immer findet man ein Gegenüber, mit dem das eigene Nähe-Distanz-Verhältnis übereinstimmt.

Rolf Sellin schreibt in seinem Buch „Bis hierher und nicht weiter" auf Seite 46 sehr treffend über die Nachteile erzwungener Nähe: *„Das Maß des möglichen Kontaktes bestimmt immer derjenige, der weniger Nähe möchte. Die Konsequenz daraus lautet, dass derjenige, der sich eigentlich mehr wünscht, sich auf das angebotene Maß einlassen muss, wenn er die Qualität der Beziehung nicht verschlechtern oder sie gar ganz verlieren möchte. Doch dieser Verzicht kann dazu beitragen, dass sich von einer gemeinsamen Basis ausgehend etwas ganz Eigenes und vielleicht viel Intensiveres entwickeln kann. Derjenige, der weniger wollte, kann sich verstanden,* *respektiert und sicher fühlen. Mit der Zeit fasst er dadurch häufig Vertrauen und kann allmählich größere Nähe zulassen.“*

Auf jeden Fall sollten Sie gemeinsam erforschen, in welchem Kontinuum von Nähe und Distanz Sie sich gemeinsam bewegen. Dabei kann Ihnen der folgende Selbst-Check helfen.

Nähe und Distanz – eine Selbstklärung

	1 = gering 5 = mittel 10 = hoch*	
Welchen Abstand brauche ich gerade, um mich gut zu fühlen?		
Ich will niemanden hören und sehen.	1 – 5 – 10	Ich möchte am liebsten mit meinem Partner verschmelzen.
Ein ganzes Wochenende nur für Sie beide. Wie möchten Sie, dass es anschließend weitergeht?		
Ich mag schon ganz gerne nach drei Tagen wieder eine Weile für mich sein.	1 – 5 – 10	Ich kann locker noch eine Woche dranhängen.
Wie sehr fühle ich mich davon beeinträchtigt, wenn ich meinen Partner für mehrere Tage nicht leiblich um mich habe?		
Ich fühle mich auch über Entfernungen hinweg gut mit meinem Partner verbunden.	1 – 5 – 10	Ich sehne mich schnell danach, ihn wieder live und in Farbe um mich zu haben.
Welche Art und Weise der Zuneigungsbekundung ist mir am liebsten?		
Ich kann meinem Partner sehr gut ohne physische Nähe meine Verbundenheit ausdrücken.	1 – 5 – 10	Meine Zuneigung drücke ich am liebsten direkt und unmittelbar aus, wenn wir zusammen sind.

* Ähnlich eines Lautstärkereglers hat jeder ein anderes Nähebedürfnis.

Schauen Sie doch mal, in welchen Bereichen Sie Schnittmengen haben und bedenken Sie, dass es immer nur Momentaufnahmen sein können. Das Wechselspiel zwischen Nähe und Distanz wird ständig neu ausbalanciert, ähnlich einer Choreografie beim Tanzen.

Rückzugsorte schaffen

Es ist für beide Partner von Vorteil, sich jeweils an einen Ort zurückziehen zu können, wo man seine Präferenzen ausleben kann – ganz gleich, ob man hochsensibel ist oder nicht. Während der eine seine Ruhe haben möchte, will der andere womöglich etwas erleben oder laut Musik hören.

Wohnt man zusammen, haben beide idealerweise ein eigenes Zimmer, das nach den individuellen Geschmäckern und Bedürfnissen gestaltet werden kann – und vor allem: darf! So sucht der Hochsensible in seinem Zimmer wahrscheinlich Muße und Entspannung z. B. zum Zeichnen, während der Normalsensible beispielsweise mit einem Gleichgesinnten laut kommentierend „Let's-Play"-Videoclips oder ein Fußballspiel anschaut. Sind eigene Zimmer räumlich nicht möglich, gilt es, sich zu arrangieren. Förderlich sind dann wieder Dinge wie Kopfhörer, Schlafbrille oder Raumteiler.

Besonders hilfreich: eine große Dosis Verständnis füreinander und Rücksichtnahme aufeinander.

Sie kennen doch bestimmt diesen Spruch: „Behandle die Menschen so, wie du behandelt werden möchtest." Das ist in meinen Augen völliger Unfug, denn das würde ja bedeuten, dass mein Mann mich wie jemand behandeln müsste, der eine ordentliche Dosis Stimulation über den Durst verträgt. Damit wäre ich allerdings total überfordert und unzufrieden. Es müsste demzufolge heißen: „Behandle die Menschen so, wie sie behandelt werden möchten." Also sehe ich zu, dass ich meinen Mann nicht in seinem Wunsch nach viel Menschenkontakt beschneide, sondern dass wir eine für beide gute Lösung finden. Zum Beispiel, indem wir zwar Besuch fürs Wochenende einladen, ich mich aber zeitweise zurückziehen kann.

Getrennt wohnen

Bis mein Mann und ich zusammengezogen sind, vergingen gut sieben Jahre. Geheiratet haben wir auch erst sehr spät.

Mein Mann hat lange Jahre selig in einer sehr netten „Erwachsenen-WG" mit Freunden gewohnt. Er fand es herrlich, nach einem langen Arbeitstag gemeinsam mit den Mitbewohnern zu kochen und bis in die Puppen essend und plaudernd in der großen Küche zu sitzen. Diese Art der Stimulation ist sein Nektar. Mir hat das auch gefallen, allerdings nur ab und zu und wohl dosiert, denn ich entspanne mich nach Feierabend am besten alleine oder zu zweit und bin froh, wenn ich mich am Abend nicht mehr sehr lange ausführlich unterhalten muss. Daher blieb ich einfach in meiner Zweizimmerwohnung wohnen, und wir besuchten uns gegenseitig. Unser Wohnkonzept fanden wir richtig gut.

Ich möchte Sie ermutigen, auszuprobieren und verschiedene Wohnformen zu testen. Lassen Sie sich nicht gleich entmutigen, wenn sich die für Sie ideale Lösung erst nach einiger Zeit abzeichnet. Nur durch das Herumprobieren und Erleben merken Sie am besten, was gut zu Ihnen passt.

Erfahrung kann ein strenger Lehrer sein – und auch ein guter.

Unkonventionelle Wohnkonzepte testen

Es gibt heutzutage sehr viele Möglichkeiten und Wohnformen, die einem helfen können, unterschiedliche Vorlieben unter einen Hut zu bringen. Jeder muss natürlich die Vor- und Nachteile selbst für sich abwägen – ich finde in dieser Hinsicht ein wenig Forschergeist und Offenheit sehr förderlich.

Beispiel 1:
Ein befreundetes kinderloses Pärchen, das schon über 30 Jahre zusammen ist, lebt nach wie vor getrennt. Sie treffen sich jedes Wochenende und lassen sich dann intensiv aufeinander ein, unternehmen etwas gemeinsam und genießen ihr Beisammensein. Unter der Woche gehen sie ihren jeweiligen Interessen nach, telefonieren jedoch regelmäßig, um sich von ihrem jeweiligen Tag zu erzählen oder das Wochenende zu planen.

Beispiel 2:
Ein anderes Pärchen aus unserem Bekanntenkreis hat lange im selben Mehrfamilienhaus gewohnt, jedoch in separaten Wohnungen, bevor sie irgendwann doch zusammenzogen.

Ich finde solche unkonventionellen Wohnkonzepte gerade für Paare interessant, die ein unterschiedliches Reiz-Niveau haben. Noch dazu hält es die Liebe frisch, wenn man darauf achtet, sich nicht zu entfremden. Ulrike Hensel schreibt in ihrem Buch „Mit viel Feingefühl“ (2013, S. 148) so treffend: „Ich kann mich meinem Partner gefühlsmäßig nahe fühlen, während ich räumlich von ihm entfernt bin. Die Verbundenheit mit meinem Partner kann mir emotional den Rücken stärken für eigenständige Projekte.“ Genau so sehe ich das auch. Wenn man Kinder hat, sieht das allerdings ganz anders aus. Da gilt es dann, sich noch einmal neu miteinander zu arrangieren, um sich nicht zu überfordern.

Kinder erziehen

Besonders wenn Kinder im Spiel sind, ist es für den hochsensiblen Partner wichtig, sich Zeiten ohne kinderbezogene Verantwortung nehmen zu können. Springt dann der andere ein oder holt man sich externe Hilfe in Form von Kinderbetreuung, ist das mehr als legitim.

In einer Partnerschaft unter Hochsensiblen kann es auch bedeuten, sich womöglich für nur ein Kind zu entscheiden, so wie es meine Eltern taten. Kinder bringen eine Menge Verantwortung mit sich – und auch viel Stimulation ins Leben.

Das Thema „Kinder“ werde ich auslassen, es ist mir zu groß. Und ich kenne meine Grenzen. Noch dazu habe ich selbst keine Kinder und kann nur aus meinen eigenen Erfahrungen als Kind hochsensibler Eltern schöpfen. Die Autorin Brigitte Schorr hat ein ganzes Buch zu diesem Thema geschrieben („Hochsensible Mütter“, 2014), das sehr gut rezensiert und auch vom IFHS empfohlen wird.

Getrennt schlafen

Meine Eltern haben zwar zusammengewohnt, sich aber irgendwann für getrennte Schlafzimmer entschieden. Das lag unter anderem daran, dass mein Vater nachts ganze Wälder abgeholzt und meine Mutter gerne bis spät in die Nacht gelesen hat. Um sich nicht gegenseitig zu stören, hatten sie also irgendwann beschlossen, getrennt zu schlafen und kamen damit prima zurecht.

Schließlich umschifft man so auch viele Konfliktherde wie z. B. unterschiedliche Schlafens- und Weckzeiten. Der eine braucht das offene Fenster zum Schlafen, während der andere am liebsten die Heizung aufdreht oder Hörspiele zum Einschlafen hört. Da auf einen Nenner zu kommen, ist sicher eine Herausforderung.

Ich finde daher solche Arrangements durchaus spannend, sofern es für beide akzeptabel ist. Für manche Menschen ist ein Bett für sich allein einfach die erholsamere Variante. Es hindert einen ja nicht daran, sich gegenseitig zu besuchen ...

Auf Stärken konzentrieren

Hochsensible haben die pikante Eigenart, kleine Fehler und Eigenarten an ihrem Partner wie durch ein Vergrößerungsglas wahrzunehmen. Ihre Wahrnehmungsbegabung erstreckt sich eben auf alle Bereiche, und entsprechende Schattenseiten lassen sich nur schwer bis gar nicht ignorieren. Erschwerend kommt hinzu, dass Normalsensible meist nicht so viele Macken und „Fehler“ an ihrem hochsensiblen Partner entdecken wie umgekehrt.

Was da hilft: Sich auf die guten Seiten und Stärken des anderen zu konzentrieren. Erstens haben wir alle unsere Schrullen, und zweitens gibt es uns nur im Gesamtpaket – mit allen guten und weniger guten Eigenschaften. Das sollten wir uns immer wieder bewusst machen. Ganz gleich ob hochsensibel oder nicht.

Distanz zu den Macken des anderen gewinnen

Zudem hilft es, sich von den Macken des anderen zu distanzieren und diese nicht zu seinen eigenen zu machen.

Ein Beispiel:
Mein Mann hat einen messerscharfen Humor, den ich prinzipiell sehr an ihm schätze, so à la Groucho Marx. Allerdings kann er für eine gute Pointe auch seinen besten Freund opfern (oder seine Ehefrau). Gerne springe ich dann dem vermeintlichen Opfer an die Seite, besonders, wenn es hochsensibel ist.
Allerdings habe ich inzwischen begriffen, dass das nicht meine Aufgabe ist. Klar, ich fühle empathisch mit dem „Pointen-Opfer“ mit und beiße mir oft auf die Lippen, um nicht zu intervenieren. Allerdings mache ich den anderen durch meine Einmischung klein. In der Regel kann sich derjenige ja selber wehren und einen Witz auf Kosten meines Mannes zurückschießen – was auch oft genug geschieht.

Freizeitplanung

Wenn es sich um eine Partnerschaft unter Hochsensiblen handelt, die über ähnliche Anteile der Intro- und Extroversion verfügen, dürfte die Freizeitplanung relativ gut gelingen, da beide ein ähnliches Stimulationsniveau haben. Ist jedoch nur einer von beiden leicht überstimulierbar, sollten beide gut darauf achten, eine ausgewogene Balance zwischen Über- und Unterstimulation hinzubekommen.

Ein Beispiel:

Mein Mann liebt es, wenn unser Haus am Wochenende voller Besuch ist. Ich mag das auch, allerdings nur, wenn ich ausreichend Gelegenheit bekomme, mich zwischendurch auszuruhen oder auch mal etwas zu zweit oder gar alleine zu unternehmen.
Wir haben also die Übereinkunft, dass er den Hauptanteil daran hat, sich um den Besuch zu kümmern. Also in Form von Unterhaltung und Gesprächsführung. In Gesprächen mit größeren Gruppen bin ich sehr schnell reizüberflutet und werde dann immer ruhiger. Meine Redeanteile sind dann schlagartig sehr begrenzt.
In intensiven Großgruppenrunden beginne ich mich leider auch bald zu langweilen oder kann einfach nicht mehr zuhören. In solchen Fällen brauche ich die Möglichkeit, mich zurückzuziehen. Mein Mann weiß ja, dass ich ihn damit nicht im Stich lasse. Diese Umsetzung bekommen wir ziemlich gut hin.

Urlaubsplanung

Ich finde es grundsätzlich wichtig, sich gerade bei der Urlaubsplanung auf eine gemeinsame Schnittmenge zu einigen. Denn hier geht es ja besonders darum, dass man wieder auftankt.

Jeder sollte sich zu einem gewissen Anteil auf das Stimulationsniveau des anderen einlassen. Möchte der eine gerne einen Stadturlaub machen und der andere sucht die Ruhe, könnte eine Schnittmenge beispielsweise so aussehen:

- Sie buchen ein Zimmer in einem ruhigen Stadtviertel, z. B. in der Nähe eines Parks.
- Der stimulationsfreudige Partner geht an einigen Tagen auch alleine bummeln oder ins Museum, während der Hochsensible sich guten Gewissens zum Lesen in den Park setzt.
- Bestimmte Ausflüge machen beide gemeinsam, sprechen aber vorher ab, wie viele Sehenswürdigkeiten am Tag zu verdauen sind.
- Der Hochsensible lässt sich zugunsten seines stimulationsfreudigen Partners auch darauf ein, etwa einen überfüllten Erlebnispark zu besuchen. Gleichzeitig darf er an dem Tag aber auch darauf zählen, dass die Zeitplanung nicht zu eng ist und dass er sich zwischendurch in einem ruhigen Restaurant oder Café mit einer Leckerei verwöhnen lassen darf.

Sich ergänzen

Partner mit einem unterschiedlichen Stimulationsniveau können sich in vielen Bereichen wunderbar ergänzen. So ist bei gemeinsamen Projekten mein Mann für das Telefonieren oder die Verhandlungsführung zuständig, während ich gerne Kontakte pflege und bei E-Mails und Organisationsaufgaben „Hurra" rufe.

> „Nicht der perfekte Partner macht das Glück, sondern das stimmige Zusammenspiel."
>
> *Ulrike Hensel („Mit viel Feingefühl" 2013, S. 152)*

Haben wir Gäste, sorge ich für stimmungsvolles Ambiente und achte darauf, dass sich alle wohlfühlen. Mein Mann hält derweil die Gespräche am Laufen und kümmert sich um die Gäste mit langem Durchhaltevermögen.

Sich seiner jeweiligen Stärken und Präferenzen bewusst zu sein und diese für sich und die Partnerschaft zu nutzen, erachte ich als einen wesentlichen Baustein für eine gelungene Beziehung.

Gewohnheiten und Vorlieben pflegen

Grundsätzlich sollte jeder in einer Partnerschaft seine Gewohnheiten pflegen dürfen, es sei denn, sie belasten den anderen. Da mein Mann sehr auditiv ist und gerne Hörspiele, Podcasts und Musik hört, ist es für mich nicht immer leicht, mich mit ihm zu unterhalten. Der Grund: Aufgrund meiner Lärmempfindlichkeit trägt er quasi permanent Kopfhörer. Wenn ich ihn dann anspreche, antwortet er nicht. Klar, denn er hat mich ja gar nicht gehört. Gleichwohl werde ich den Teufel tun, ihm das vorzuwerfen. Denn immerhin trägt er mir zuliebe schon die Kopfhörer, um seiner Vorliebe für Auditives nachgehen zu können und die will ich ihm nicht nehmen, nur weil ich so empfindlich bin.

Im Gegenzug dazu lässt er mir die Gewohnheit, beim Anschauen von hervorragenden Serien auf DVD irgendwann einzuschlafen. Was ich mal wieder verschlafen habe, guckt er beim nächsten gemeinsamen Serienabend einfach noch mal oder er ermuntert mich, erst mal die verpassten Folgen alleine aufzuholen. Er rüttelt mich glücklicherweise nicht wach, denn: Wenn ich müde bin, bin ich müde, ganz egal, wie spannend die Serien auch sind (und die sind in der Regel spannend, er kann gar nicht begreifen, wie man dabei einschlafen kann). So arrangieren wir uns beide mit den jeweiligen Gewohnheiten und Vorlieben des anderen und kommen meistens gut damit zurecht.

Den Alltag vereinfachen

Damit man sich nicht an Alltagsbanalitäten überreizt und aufreibt, tun Paare gut daran, so viele Dinge wie möglich zu vereinfachen.

Natürlich gilt das auch für viele andere Menschen, aber wenn Hochsensible im Spiel sind, eben besonders.

Es lohnt sich, sich für bestimmte Aufgaben aktiv Hilfe (z. B. eine Reinigungskraft) oder gut funktionierende Technik (leistungsfähige Haushaltsgeräte) zu beschaffen.

Beispiel:
Meine Mutter war sehr sperrig, was größere Haushaltsgeräte anging. Trotz ihrer ständigen Reiz-Überflutung hat sie nie einen Geschirrspüler haben wollen – dafür aber immer über den Abwasch gestöhnt. Eine Diskrepanz, die mich sehr störte. Dagegen hat mein Vater immer Wert auf gutes Werkzeug gelegt, da er wusste, wie nervig schlecht funktionierende Arbeitsgeräte werden können. Er war mit seinem kleinen Werkzeugpark sehr zufrieden.
Mein Mann und ich haben uns mehrere sehr gute Akku-Staubsauger angeschafft und in allen Stockwerken verteilt. Jeder schwingt also schnell mal zwischendurch den Sauger, damit die Wollmäuse nicht überhandnehmen. Mit dieser Art Staubsauger (ohne Kabel und Beutel) macht staubsaugen sogar richtig Spaß.

Wenn man mittendrin ist – der Notfallplan

Streitigkeiten vermeiden

Hochsensible bemühen sich oft um eine ernste Auseinandersetzung. Gleichzeitig scheuen sie aber Konflikte, da sie sehr harmoniebedürftig sind. Kritik äußern sie ausgesprochen ungern, selbst dann, wenn sie durchaus Gründe hätten. Wenn Konflikte doch nicht so überstimulierend wären!

Oft sind es vermeintliche Kleinigkeiten, die den Hochsensiblen nerven und derentwegen er plötzlich aggressiv wird. Der andere ist dann oft wie vor den Kopf gestoßen.

Wenn Sie also merken, dass es in Ihnen gärt, beantworten Sie sich folgende Fragen:

- Wenn ich mein Partner wäre, wie würde es auf mich wirken, wenn ich jetzt unwirsch reagiere?
- Meint er es wirklich böse?

Grundsätzlich ist es hilfreich, bei auflodernden Gefühlen eine Weile Abstand zu gewinnen, damit die Emotionen abkühlen können. Die wertschätzende und einfühlsame Kommunikation ist aufgrund des hohen Anspannungsniveaus lahmgelegt. Mir hilft es, in solchen Fällen erst mal tief durchzuatmen und bis 10 zu zählen. Dann bin ich weniger vorwurfsvoll.

Dennoch finde ich es wichtig, Irritationen zeitnah anzusprechen, damit sie nicht unterschwellig gären oder sich gar potenzieren.

NACHDENKENSWERTES !

Mein Mann und ich haben es uns zur Aufgabe gemacht, nie ohne eine einigermaßen zufriedenstellende Klärung auseinanderzugehen.

Beispiel:
Man streitet sich und beide fahren wutentbrannt und gefrustet zum nächsten Termin und kauen den ganzen Tag auf unguten Gefühlen herum.

Der Gedanke, dass dem anderen womöglich ausgerechnet an dem Tag etwas zustößt und das Letzte, das man ausgetauscht oder gedacht hat, ein Groll war, ist für uns beide nicht zu ertragen.

Es empfiehlt sich generell, im Voraus zu vereinbaren, wie man mit Konflikten umgeht. Sie finden bei Elaine N. Aron viele hilfreiche Anregungen.

Konflikte „gewaltfrei" lösen

Mein Mann und ich haben Kurse zur „Gewaltfreien Kommunikation" (GFK) belegt, zum einen aus einem beruflichen Interesse und zum anderen, um noch besser miteinander umzugehen. Wir versuchen, uns auch bei Kleinigkeiten an nachfolgende „Spielregeln" zu halten.

Kleine Kommunikations-Unterstützer:

1. **Grundsätzliche „Don'ts":**
   Du-Botschaften *(„Du hast schon wieder ...")*
   Schuldzuweisungen *(„Du bist schuld, dass ...")*
   Vorwürfe *(„Nie gehst du am Wochenende mit mir ...")*
   Ironie *(„Na super, das hast du ja wieder toll hingekriegt ...")*
   Übertreibungen *(„Ich hab dir schon tausendmal gesagt ...")*
   Generalisierungen *(z. B. immer, andauernd, schon wieder, ständig)*

2. **Irritationen zeitnah ansprechen**

3. **Empathie für den anderen aufbringen**
   „Du möchtest dich bestimmt beim Lesen entspannen."

4. **Beobachtung so neutral wiedergeben, als hätte ein Aufnahmegerät die konfliktauslösende Szene mitgeschnitten:**
   „Ich höre dich seit 10 Minuten die Zeitung durchblättern. Mir ist das im Moment zu geräuschvoll."

5. **In der Ich-Form von Gefühlen sprechen**
   „Das zermürbt mich."

6. **Bedürfnis formulieren**
   „Ich würde mich gerne auf mein Buch konzentrieren."

7. **Bitte ohne Forderung formulieren**
   „Wärst du bereit, die Zeitung leiser umzublättern?"

8. **Dem anderen eine Wahl lassen**
   So wird eine Bitte nicht zur Forderung.

9. **Bewusst machen**
   Beide haben ihre Bedürfnisse und ihre Eigenarten.

10. **Sich nicht auf Diskussionen einlassen**
    Beispiel:
    „Ich bin überhaupt nicht laut."
    „Doch!"
    „Jetzt steigerst du dich da aber rein."
    „Du hast doch gar keine Ahnung davon, wie es mir geht …"

    Diese Diskussionen führen zu nichts. Denn wir haben nun mal eine unterschiedliche Reiz-Empfindlichkeit, die sich nicht wegdiskutieren lässt.

11. **Egal ob hochsensibel oder nicht – uns gibt es nur im Gesamtpaket, mit allem Drum und Dran.**

12. **Verhältnismäßigkeit herstellen**
    Sich in Erinnerung rufen, dass im Auge der Endlichkeit vieles sehr banal erscheint.
    Eine garstige aber hochwirksame Frage:
    Angenommen, mein Partner verstirbt – würde mir dann nicht sogar das geräuschvolle Umblättern oder sein Murren fehlen?

    Im Angesicht des Todes wird vieles wieder zurechtgerückt.

Negative Stimmungen ansprechen

Es gibt Situationen, in denen man ganz und gar mit seiner eigenen schlechten Stimmung beschäftigt ist. Wenn man es in einer solchen Phase mit sorgenvollen Nachfragen zu tun bekommt (die ja durchaus fürsorglicher Natur sind), kann das ganz leicht zu einer zusätzlichen Überstimulation führen. Damit Ihr Partner eine Chance hat, angemessen auf Ihre Stimmung zu reagieren, können Sie Folgendes ausprobieren:

- Drücken Sie dem anderen gegenüber aus, dass Ihre aktuelle Stimmungslage gerade negativ ist. So kann Ihr Gegenüber die Situation schon einmal grob einschätzen. Ich sage in solchen Situationen meistens: *„Ich bin gerade unleidlich."*

- Formulieren Sie ohne Umschweife, wie und ob der andere gerade helfen kann. Zum Beispiel: *„Ich ziehe mich jetzt für zwei Stunden in mein Zimmer zurück. Wenn ich danach nicht wieder auftauche, sieh bitte nach mir.“*
- Sie müssen sich nicht großartig erklären. Das können Sie tun, wenn Ihre Überstimulation abgeklungen ist.
- Versuchen Sie nicht, die ungute Stimmung zu überspielen. Der andere wird es merken, ganz gleich ob hochsensibel oder nicht.
- Sobald sich Ihre Stimmung gebessert hat und die Überstimulation abgeklungen ist, sollten Sie Ihre Sorgen mit Ihrem Partner besprechen. Denn auch er leidet darunter, wenn es Ihnen nicht gut geht.

Es gibt in dem Blog von Julia Bender einen hervorragenden Artikel mit dem Titel „Der Rückkopplungs-Effekt bei Hochsensiblen“. Das Tolle: Ein Freund von ihr hat daraufhin den Rückkopplungseffekt aus seiner Sicht beschrieben und wertvolle Tipps beigesteuert.

https://hochsensibel1753.wordpress.com/2015/03/21/der-ruckkopplungs-effekt-bei-hochsensiblen/

NETZWERKEN UND SMALL TALKEN

„Was soll denn andauernd dieses Netzwerken?! Ich kann es einfach nicht mehr hören! Es ist mir zuwider!“, brachte eine meiner Workshop-Teilnehmerinnen voller Empörung hervor. Alle starrten wir sie irritiert an. Dann brach es auch aus einigen anderen Teilnehmern heraus.

Es gab solche, die gleich entrüstet auf die Teilnehmerin einredeten, wie wichtig doch schließlich das Netzwerken sei. Und es gab solche, die der Teilnehmerin beipflichteten. Dabei hatte ich nur einen Satz mit dem Wort „Netzwerken“ gesagt. Im Nu war eine hitzige und – was für ein Glück – auch eine sehr wertvolle Diskussion entstanden.

Nachdem es eine Weile hin und her ging – auf der einen Seite die Befürworter des Netzwerkens, auf der anderen die Gegner – kamen wir an des Pudels Kern. Es ging in Wirklichkeit um das leidige Thema „Small Talk“, was bei den Netzwerkhassern nicht hoch im Kurs stand. Doch was ist eigentlich mit Netzwerken gemeint?

! **NETZWERKEN, SO WIE ICH ES VERSTEHE**

- Neue Menschen kennenlernen (z. B. in Seminaren, auf Netzwerkveranstaltungen, bei Vorträgen, in den sozialen Netzwerken) ...
- ... und zwar in verschiedenen Zusammenhängen (beruflich, privat, Sportvereinskontakte, Kursteilnehmer etc.).
- Diese Kontakte sind dann mein „Netzwerk".
- Dieses Netzwerk pflege ich, indem ich mich immer mal wieder mit den Leuten „synchronisiere".
- Das geht in Form von Treffen, E-Mails, Social Media, Telefonaten etc.
- Aus Netzwerken können entstehen: Aufträge, Kooperationen, Freundschaften, Leser, Zuschauer, Seminarteilnehmer, Fans, Partygäste etc.
- Ich selber habe ein großes Netzwerk und kann so sehr gut Leute zusammenbringen, von denen ich meine, dass sie voneinander profitieren könnten.
- Existenzgründern und anderen Klienten kann ich daher gut Empfehlungen geben zu Grafik-Designern, Steuerberatern, Zahlenmenschen, Friseuren, Ärzten etc.
- Ich bin gut im Kontakthalten und Synchronisieren, auch ohne mich mit allen zu verabreden.
- Ich gratuliere den meisten aus meinem Netzwerk zum Geburtstag (manchmal flutscht mir natürlich auch etwas durch), um mal wieder „Hallo" zu sagen und einen Anknüpfungspunkt zu haben.

Unabhängig davon, dass fast jeder in der Gruppe etwas anderes unter Netzwerken verstand, merkten wir, dass es offenbar unterschiedliche Präferenzen in Sachen Kontaktaufnahme gab. Die einen fanden das direkte Gespräch mit wildfremden Gesprächspartnern anregend und prickelnd, die anderen würden lieber die ungeliebte Steuererklärung angehen, anstatt einen Small Talk zu starten. Nun kann ich rückblickend nicht sagen, ob es sich bei den Small-Talk-Gegnern unisono um Hochsensible handelte.

Aber eines weiß ich inzwischen: Viele leise Hochsensible, also die mit mehr Intro- als Extro-Anteilen, haben einen ausgeprägten Grusel vor Small Talk. Teil eines seichten Plauder-Gespanns zu sein, kommt ihnen zutiefst falsch vor.

Die Small-Talk-Aversion. Woher kommt sie eigentlich?

Hochsensible denken gerne gründlich über die Dinge nach, und das am liebsten, bevor sie reden. Small Talk ist jedoch eine Angelegenheit, die keiner gründlichen Denkarbeit bedarf. Im Gegenteil: Small Talk lebt von spontanen und meist auch unverfänglichen Äußerungen. Und dazu kann eben auch das Thema Wetter gehören. *„Boah, ist das eklig draußen, da wehte mir glatt die Mütze vom Kopf!“* kann ein wunderbarer Einstieg in ein lockeres Gespräch sein. Nicht so für viele Hochsensible.

Hochsensiblen ist Smalltalk oft ein Graus. Sie mögen lieber Themen mit Tiefgang und fühlen sich von oberflächlichem Geplänkel leicht genervt.

! **SITUATIONEN, IN DENEN SMALL TALK GEBRAUCHT WIRD**

- Bei Fortbildungen
- Auf Firmenjubiläen
- Auf Partys und Feiern
- Im Aufzug
- Zu Beginn oder am Ende eines Bewerbungsgespräches
- Auf Reisen (im Zugabteil, im Flieger)
- Auf Messen, Kongressen und Ausstellungen
- Bei Geschäftsessen
- In der Kantine
- Im Kundenkontakt
- Beim Friseur
- Bei der Autofahrt mit Kollegen oder Kunden
- In der Sauna
- Beim Krankenbesuch
- Im Theater
- Auf Beerdigungen (ja, auch da wird das kleine Gespräch gebraucht)

Zum einen kann es sein, dass der Hochsensible noch gar nicht so richtig im Raum angekommen ist, sich erst noch orientieren muss und von der Anreise runterkommen möchte. Zum anderen hat er oft Scheu davor, sinnfreie Belanglosigkeiten auszutauschen. Es gibt ja diese grundlegende Präferenz in ihm, zunächst einmal „warm zu werden“ (mit den Räumlichkeiten und den Leuten), sich also zu akklimatisieren.

Die Tatsache, dass Small Talk ausgerechnet dazu dient, anderen für weitere offene Anknüpfungspunkte hinreichend näherzukommen, beißt sich außerdem mit seiner Präferenz, über tiefer gehende Themen zu reden oder anfangs die Beobachterrolle einzunehmen. Da passt etwas nicht so richtig zusammen, wie bei zwei Zahnrädern, die nicht ineinandergreifen.

Kurzzeit- versus Langzeitgedächtnis

Passionierte Small Talker bedienen sich ihres Kurzzeitgedächtnisses, um im oberflächlichen Gespräch locker Alltagsgeschehnisse auszutauschen. Hochsensible Personen, noch dazu jene mit vielen introvertierten Anteilen, nutzen bevorzugt ihr Langzeitgedächtnis, was dazu führt, dass der Zugriff auf die dort gespeicherten Informationen eben etwas mehr Zeit benötigt.

Das heißt nicht, dass sie langsam sind – ganz im Gegenteil. Es handelt sich bei Small Talk eben nur nicht um ihre Denk- und Sprechpräferenz. So kann es dazu kommen, dass ihnen nicht immer gleich etwas einfällt, wenn ihnen jemand aufgedreht entgegenschleudert *„Boah, ist das eklig draußen, da wehte mir glatt die Mütze vom Kopf!"*

Da Netzwerken bisweilen mit Live-Kontakt und somit auch mit Small Talk verbunden ist, ist es für viele introvertierte Hochsensible ein echter Horror. Und das ist natürlich bedauerlich, da viele Hochsensible sehr sozial sind. Auch ich betreibe ungerne Small Talk, netzwerke aber unheimlich gerne – allerdings am liebsten online (Facebook, Twitter, XING, Google+).

Ablauf eines klassischen Small Talks

Hilfreich kann sein, sich als geistige Trockenübung den Aufbau des Small Talks zu Gemüte zu führen. So können Sie schon mal sicherer werden, da Sie zukünftig die einzelnen Phasen erkennen können. Um so mit weniger Befangenheit, dafür mit frischem Forschergeist an den nächsten Small Talk heranzugehen.

Ich versuche einmal am Beispiel einer klassischen Netzwerkveranstaltung, den üblichen Ablauf eines Small Talks darzulegen.

Erste Phase: Die Eröffnung

Jedes Gespräch startet mit einer Gesprächseröffnung, egal ob es sich um Small Talk handelt oder um ein Bewerbungsgespräch. Die ersten Sätze sind quasi die erste Stufe, die zu nehmen ist.

Herantasten

Es geht in dieser Phase erst einmal nur um das Herantasten, das Ankommen und die Lockerung in einer Situation unklarer Erwartungen. Ich sage dazu gerne „sich eingrooven". Niemand erwartet, dass Sie mit einem bedeutungsschweren ersten Satz beginnen, nach dem Motto *„Hatten Sie auch so eine harte Kindheit?"*

! **NAHELIEGENDE UND UNVERFÄNGLICHE THEMEN SIND**

- Sich vorstellen, wer man ist.
- Wie man angereist ist.
- Ob man einen Parkplatz ergattert hat.
- Wie einem der Kaffee oder der Keks schmeckt.
- Woher man den Gastgeber kennt.
- Wie man auf die Veranstaltung aufmerksam geworden ist etc.

Angebote annehmen

Zunächst können Sie als Hochsensibler Ihrem Gegenüber den Anfang überlassen und einfach auf sein Thema eingehen. In der Welt des Improvisationstheaters heißt das „Angebote annehmen", denn dem geübten Small Talker wird vielleicht eher etwas einfallen. Eine feine Sache!

Langsam aber sicher üben Sie sich darin, auch mal ein Gesprächsangebot zu machen, ganz zwanglos, mit dem Bewusstsein: Das ist Teil eines Gesprächs. Wenn das Gegenüber nicht begeistert darauf einsteigt, nicht frustriert sein. Das liegt höchstwahrscheinlich nicht an Ihnen. Loben Sie sich dafür, „geübt“ zu haben und üben Sie beim Nächsten weiter.

Zweite Phase: Gespräch in Gang halten

Damit der „Gesprächsball“ nicht nach der ersten Frage-Antwort-Variation runterfällt, sollte das Gespräch in Gang gehalten werden. Wenn einem nichts einfällt: Fragen stellen!

Sich interessieren

Ein gutes Gespräch läuft immer wieder darauf hinaus, sich für den anderen zu interessieren, ihm ein paar Fragen zu stellen. Es geht natürlich nicht darum, dem anderen ein Loch in den Bauch zu fragen oder inquisitorisch sein Wesen zu durchleuchten. Man kann ihm einfach mit ein paar gezielten Fragen Angebote unterbreiten, auf die er ganz locker antworten kann.

W-Fragen

Da viele hochsensible Personen ohnehin gerne zuhören und beobachten, dürfte sich für Sie diese Phase im Laufe des Ausprobierens eigentlich zu einem positiven Aspekt des Small Talks wandeln. Schöne Fragen sind z. B.:
„Wer oder was hat Sie hierher getrieben?“
„Was machen Sie denn so, wenn Sie nicht gerade hier auf Veranstaltung XY sind?“
„Woher kennen Sie eigentlich den Veranstalter?“

Gute Fragen beginnen meist mit einem „W“: Wer, Was, Woher, Wann, Womit ... Einzige Ausnahmen: Weshalb- und Warum-Fragen. Diese Fragen bergen die Gefahr, inquisitorisch zu wirken, sodass das Gegenüber sich bemüßigt fühlt, sich zu rechtfertigen. Das kommt meist nicht gut an.

Dritte Phase: Die Übergangsphase

Meistens schläft ein Small Talk irgendwann ein, denn er ist ja „small“ und nicht „big“. Das gehört zum Wesen des Small Talks und ist überhaupt nicht schlimm. Im Gegenteil: Daraus ergibt sich die Chance, entweder das Gespräch zu vertiefen oder sich einem anderen Gesprächspartner zuzuwenden. Sie dürfen entscheiden, ob Sie das Gespräch weiter in Gang halten oder ob Sie es zum Abschluss bringen möchten.

Vertiefen und Gespräch in Gang halten?

Prima! So könnte es klappen: Stellen Sie einfach eine Frage, die Sie noch in petto haben. Zum Beispiel: *„Wie machen Sie das eigentlich nach so einer Veranstaltung mit den geknüpften Kontakten? Wie halten Sie diese aufrecht?“* oder *„Sind Sie auch auf XING (Facebook, Twitter etc.), damit wir uns nach der Veranstaltung vernetzen können?“*

Gespräch beenden?

Sie möchten das Gespräch geschickt auslaufen lassen? Auch gut. Weiter geht's mit Phase 4.

Vierte Phase: Die Abschlussphase

Womit man eigentlich nichts falsch machen kann: sich für das nette Gespräch zu bedanken. Das könnte so laufen:

„Danke für das nette Gespräch. Wollen wir Visitenkarten austauschen? Dann können wir uns später noch über Social Media miteinander vernetzen.“

Oder:

„Das Gespräch hat mich sehr gefreut. Ich gehe jetzt mal an die frische Luft. Bestimmt sehen wir uns später noch mal.“

Faktoren für den Erfolg

Sympathische Gesprächspartner aussuchen

Suchen wir uns doch am besten sympathische Gesprächspartner aus. Solche, die lächeln oder solche, die ebenso verloren wirken wie wir selber. Mit diesen Menschen ist die Hürde zum Small Talk niedriger.

Es ist ganz wichtig, sich darüber im Klaren zu sein, dass andere häufig ebenso unsicher wie wir selber sind und sich darüber freuen, wenn jemand anderes den Anfang macht.

Spielerisch netzwerken

Wir können solche Situation auch spielerisch meistern, indem wir uns vor einer Veranstaltung kleine liebevolle Aufgaben stellen.

SPIELERISCH NETZWERKEN !

- Heute Abend spreche ich mit mindestens einer (z. B. blonden, kleinen, großen) Frau.
- Bis 21 Uhr habe ich eine meiner Visitenkarten weitergegeben.
- Bevor ich gehe, hab ich mindestens zwei Menschen ein kleines Kompliment gemacht.

Rechtzeitig da sein

Zu Veranstaltungen, bei denen Sie einen hohen Small-Talk-Grad befürchten, kommen Sie am besten etwas früher. Das hat für Sie den Vorteil, dass sich die Neuankömmlinge im besten Fall bei Ihnen vorstellen und sich so die Chancen erhöhen, automatisch miteinander ins Gespräch zu kommen. Sie können in Ruhe beobachten, wie es anderen so geht, wenn sie einen Raum betreten und noch niemanden kennen.

Das Ziel definieren

Machen Sie sich vor Beginn der Veranstaltung noch mal bewusst, warum Sie dort eigentlich hingehen möchten. Ist es eher ein „sich blicken lassen, um guten Willen zu zeigen“, dann sollte Ihr Maßstab an die Gesprächsausbeute geringer sein. Wenn Sie dort hingehen, um „Business“ zu machen und Multiplikatoren oder gar Kunden zu finden, sollten Sie sich ein paar kleine Gesprächsziele setzen, damit die Chancen auf ein kleines Erfolgserlebnis steigen.

Essen und Trinken bedenken

Gehen Sie nicht allzu hungrig los, damit Sie nicht von vornherein durch innere Reize in Form von Magenknurren oder Unwohlsein gestört werden. Vor Ort bekommen Sie hoffentlich ein Häppchen – doch wenn dem nicht so ist, haben Sie wenigstens vorher gut für sich gesorgt.

Wohlfühlkleidung tragen

Kleiden Sie sich so, dass Sie sich wohlfühlen. Das kann locker und leger sein oder eher förmlich, je nach Art der Veranstaltung. Zum anderen mit Kleidung, bei der Sie nicht dauernd an sich herumzupfen müssen, weil es irgendwo zwickt, kribbelt oder kneift. Denn jedes unerwünschte Zwicken ist ein zusätzlicher Reiz, den Sie sich nicht antun sollten.

Wenn man mittendrin ist – der Notfall-Plan

Manchmal kommt man einfach nicht dazu, sich gut vorzubereiten oder man steht komplett auf dem Schlauch. Sämtliche gute Tipps sind vergessen, das Hirn funktioniert nur noch rudimentär. Die Reiz-Überflutung von außen nimmt überhand, der innere Kritiker sendet ebenso stetig von innen.

Du spürst die Gifte im System
Willst nur den Abend überstehen
Da sind Löcher unter deiner Haut
Du bist aus Schwamm gebaut

Tocotronic (Prolog)

Hier bekommen Sie einige Notfall-Tipps, die Ihnen schnell ein wenig Linderung verschaffen können:

Flucht aufs stille Örtchen

- Flüchten Sie erst einmal auf die Toilette und schließen sich ein. Klappen Sie den Klosettdeckel herunter und setzen Sie sich hin.
- Schließen Sie die Augen, um Reize auszusperren.
- Atmen Sie ein paar Mal tief ein – und noch tiefer wieder aus. Tiefes und intensives Ausatmen ist noch wichtiger als das tiefe Einatmen, da es das Nervensystem beruhigt.
- Legen Sie die rechte Hand aufs Herz. Das Auflegen der Hand beruhigt das Nervensystem zusätzlich.
- Dabei sollten Sie schön weiteratmen, bis Sie sich wieder handlungsfähig fühlen.
- Die nachfolgenden Fragen können Ihnen helfen, die Entscheidung zu fällen, ob Sie gehen oder bleiben.

! **GEHEN ODER BLEIBEN?**

1. Welche Vorteile (kurzfristig und langfristig) habe ich, wenn ich bleibe?
2. Welche Nachteile (kurzfristig und langfristig) habe ich, wenn ich bleibe?
3. Welche Vorteile (kurzfristig und langfristig) habe ich, wenn ich gehe?
4. Welche Nachteile (kurzfristig und langfristig) habe ich, wenn ich gehe?
5. Welchen Rat würden Sie Ihrem besten Freund geben, wenn er gerade jetzt in Ihrer Situation wäre?

Eine Entscheidung treffen und Konsequenzen ziehen

Treffen Sie in Ruhe die Entscheidung, ob Sie bleiben oder gehen möchten, und orientieren sich dabei an den jeweiligen Vor- und Nachteilen. Vereinbaren Sie gegebenenfalls mit sich eine Uhrzeit, ab wann Sie auf jeden Fall gehen werden, ohne sich selber Vorwürfe zu machen. Je nach Anlass gehen Sie einfach, ohne sich irgendwo abzumelden. Auch für den Veranstalter ist es oft angenehmer, wenn die Veranstaltung langsam abebbt, als dass er durch ständige „Abmeldungen“ gestört wird.

Netzwerken in sozialen Medien

Außer dem klassischen Networking auf Veranstaltungen haben Sie die Möglichkeit über Social Media online Kontakte zu knüpfen und zu pflegen.

7 VORTEILE DES NETZWERKENS IN DEN SOZIALEN MEDIEN

!

1. Man kann unabhängig von Ort und Zeit Kontakte knüpfen und pflegen.
2. Es ist eine ideale Ergänzung zu persönlichen Treffen.
3. Man wird automatisch an Geburtstage erinnert und kann so mit einem freundlichen Glückwunsch mal wieder „Hallo" sagen.
4. Man kann die Bedürfnisse nach Alleinsein und sich zugehörig fühlen ohne viel Aufwand miteinander verbinden.
5. Man kommuniziert schriftlich und kann so überstimulierende Telefonate vermeiden.
6. Sie erreichen mit wenig Aufwand viele Menschen.
7. Sie können permanent Ihren Horizont erweitern. Durch das Teilen von Inhalten kommt man automatisch mit spannenden Themen, Artikeln oder Videos in Berührung, auf die man alleine oft gar nicht gekommen wäre.

Über Facebook habe ich schon viele witzige Menschen kennengelernt, nette Kunden gewonnen und pflege einen wunderbaren kollegialen Austausch mit anderen Coaches. Auch nutze ich geschlossene Gruppen für spezielle Themen und komme so wieder mit Gleichgesinnten in Kontakt.

AUFREGUNG BEI ARZT-BESUCHEN IN DEN GRIFF BEKOMMEN

Dass das Kranksein als solches für alle Menschen belastend sein dürfte, ist sicher keine bahnbrechend neue Erkenntnis. Krankheiten und damit verbundene Arztbesuche führen jedoch gerade bei Hochsensiblen oft zu einer krisenhaften Zuspitzung, die mit großen Ängsten und starker Aufregung (und somit Überstimulation) verbunden ist.

Nicht immer fühlen sich Hochsensible als gleichberechtigtes Gegenüber von Ärzten wahrgenommen. Sie möchten ihre Beschwerden nicht auf Psychosomatik reduzieren lassen. Auch wenn Hochsensiblen klar ist, dass sich seelische Belastungen in körperlichen Beschwerden niederschlagen können, möchten sie zunächst erst mal die organischen Ursachen abklären lassen, vor allem aber wollen sie ernst genommen werden.

Wieso werden Hochsensiblen besonders oft psychosomatische Beschwerden zugeschrieben?

Dr. Samuel Pfeifer, Chefarzt und Autor des Buches „Der sensible Mensch“, meint, dass Hochsensible aufgrund ihrer höheren „Vulnerabilität“ (Verletzlichkeit) anfälliger für das Auftreten von Krankheitssymptomen sind. Bei vulnerablen Menschen ist das innere

Stress-Erleben (individuelle Reaktion auf äußere Anforderungen) häufiger und ausgeprägter, was dazu führt, dass auch der Körper häufiger und ausgeprägter mit Stresssymptomen reagiert. Da verkrampft sich schnell der Magen, rast das Herz, verspannt sich der Nacken oder schmerzt der Kopf. Werden permanent Stresshormone in der Nebenniere ausgeschüttet, kann es langfristig zu psychosomatisch bedingten Störungen kommen.

„Das mit Ihren Beschwerden scheint mir psychosomatischer Natur zu sein. Gönnen Sie sich mal eine kleine Auszeit, dann wird bestimmt bald alles wieder gut."

Dr. med. M., Hausarzt

Hochsensible scheinen von Haus aus sehr viel wachsamer zu sein, was ihre Körpervorgänge anbelangt. Sie bemerken Symptome schneller als andere und sind auch eher durch diese Vorgänge und ihre Wahrnehmung derselben beunruhigt. Noch dazu ist ihre Schmerzschwelle niedriger als bei Normalsensiblen. Bei Medikamenteneinnahme neigen sie häufig zu Nebenwirkungen.

Hinzu kommt, dass sie sich nicht so leicht mit der erstbesten Diagnose (oder eben Nicht-Diagnose) abspeisen lassen. Sie stellen meist mehr Fragen und wollen sich viele Dinge vom Arzt genauer erklären lassen. Meist recherchieren sie zusätzlich auf eigene Faust weiter und holen sich mehrere Meinungen ein.

Hochsensible sind überwiegend sehr gewissenhaft und gehen nur ungern Risiken ein. Daher ist ihnen sehr daran gelegen, so lange am Ball zu bleiben, bis sie die wahre Ursache ihrer Beschwerden herausgefunden haben. Und wenn sie beim Arzt das Gefühl bekommen, dass ihre Symptomatik nicht richtig ernst genommen wird, suchen sie sich einen anderen Mediziner oder wenden sich alternativen Heilmethoden zu.

Die Erfahrungen vieler Hochsensibler haben gezeigt, dass die meisten Ärzte nicht hochsensibel sind – im Gegensatz zu Alternativmedizinern, denen im Allgemeinen mehr Empathie zugeschrieben wird. (Ausnahmen auf beiden Seiten dürften die Regel bestätigen.) Viele normal sensible Ärzte können vermutlich gar nicht nachvollziehen, dass es Menschen gibt, die auch feinste Nuancen in ihren Organen wahrnehmen. So kann es dazu kommen, dass sie die Symptome sensibler Patienten sehr häufig als psychosomatisch klassifizieren oder ihre Patienten als „schwierig" abstempeln. Doch Hochsensible spüren unterschwellig diese Haltung ihres Gegenübers und fühlen sich dadurch bei solchen Arztbesuchen noch unwohler als ohnehin schon.

Da viele Hochsensible ungute Erfahrungen mit Ärzten, Medikamenten oder Untersuchungsmethoden verbinden, sind ihre Arztbesuche fast zwangsläufig mit zermürbender Überstimulation verbunden. Zum einen ist da ein Unbehagen, was die Diagnose angeht, zum anderen sind es womöglich unangenehme Untersuchungs- oder Behandlungsmethoden. Auch ein überfülltes Wartezimmer und der Gedanke daran, dass der Arzt nur ein knappes Zeitbudget hat, können großen Druck und negative Stimulation auslösen. Wenn man nicht auf ein etabliertes ärztliches Vertrauensverhältnis zurückgreifen kann, stellt sich zusätzlich das Unbehagen ein, einem neuen und unbekannten Menschen gegenübertreten zu müssen.

Auch wenn ein Arztbesuch nicht wirklich vergnüglich sein muss, können sich leicht überstimulierbare Menschen diesen Gang mit einigen kleinen Maßnahmen leichter machen.

Die hier geschilderten Ideen und Anregungen sollen besonders bei kritischen und schwierigen Arztbesuchen helfen. Wichtig: Das heißt nicht, dass Hochsensible häufiger erkranken als Normalsensible!

Die nachfolgenden Tipps können somit für alle Menschen hilfreich sein, ganz gleich ob hochsensibel oder nicht.

Wie man vorbeugt – Prophylaxe

Sie können schon vorweg einiges tun, damit Sie beim Arzt nicht wie das Kaninchen vor der Schlange sitzen und vor lauter Überstimulation oder Eingeschüchtertsein vergessen, was Sie eigentlich erzählen wollten.

Vorbereitung

Machen Sie sich vor einem Arztbesuch erst einmal bewusst, dass es Ihr gutes Recht ist, dem Arzt Ihre Beschwerden und Anliegen zu schildern. Selbstverständlich dürfen Sie Fragen stellen und nachfragen, wenn Ihnen etwas unklar ist! Ein guter Arzt hört Ihnen zu und schenkt Ihnen seine ungeteilte Aufmerksamkeit. Natürlich ist es auch wichtig, dass Sie Ihrerseits Ihrem Arzt gut zuhören und sich eigene Notizen machen, damit Sie vor lauter Aufregung nicht alles wieder vergessen.

Was ist mein Ziel?

Überlegen Sie vorher, mit welchem Ziel Sie zum Arzt gehen. Hier eine Liste mit wichtigen Punkten:

- Akute Beschwerden abklären lassen.
- Akute Beschwerden behandeln lassen.
- Rückfragen zu einer Behandlung stellen.
- Nebenwirkungen von Medikamenten benennen.
- Änderung einer bereits begonnenen Behandlung ansprechen.
- Eine zweite Meinung einholen.
- Aufmunterung und Trost bekommen (ja, auch das kann und darf Ziel eines Arztbesuches sein).

Notizen machen

Machen Sie sich am besten im Vorwege schriftliche Notizen über Ihre Symptome und die wichtigsten Fragen, die Sie dem Arzt stellen möchten. Auch den Zeitpunkt des Auftretens der Symptome und eventuelle Selbstmedikation sollten Sie sich notieren. Scheuen Sie sich keineswegs, Ihre eigenen Deutungen auszusprechen. Wenn der Arzt sieht, dass Sie gut vorbereitet sind, wird er Sie ernst nehmen.

Wichtige Eckdaten parat haben

Die wichtigsten Daten Ihrer „Krankheitsgeschichte" sollten Sie möglichst parat haben: frühere Erkrankungen; Eingriffe oder Operationen mit Datum; Unfälle; Behandlungen; Impfungen und eventuelle Medikamenten-Unverträglichkeiten. Sind diese Daten sehr umfangreich, kann es Ihrem Arzt helfen und Zeit sparen, wenn Sie diese auf einem Blatt chronologisch aufgelistet mitbringen.

Dokumente mitnehmen

Wenn Sie einen Arzt zum ersten Mal besuchen, denken Sie auch daran, dass folgende Unterlagen wichtig sein können: Arztbefunde, Krankenhausberichte, Röntgenbefunde, Impfausweis, Allergiepass, Patientenpass etc. Natürlich nicht vergessen: Ihre Krankenkassenkarte.

Lebensumstände berücksichtigen

Sie dürfen und sollten Ihrem Arzt auch mitteilen, wie Ihre derzeitigen Lebensumstände aussehen, z. B. ob in Ihrem Umfeld jemand schwer erkrankt ist oder bestimmte Krankheiten in Ihrer Familie vorliegen, ob Sie gerade Stress haben oder was Ihnen sonst auf der Seele liegt. Wenn der Arzt weiß, was Sie bewegt, kann er besser auf Ihre Sorgen und Ängste eingehen und Sie gezielter untersuchen.

Resümee ziehen

Ziehen Sie nach einem Arztbesuch für sich ein Resümee: Hat das Gespräch meinen Erwartungen entsprochen? Habe ich alles verstanden und sind mir die Ratschläge und Empfehlungen des Arztes klar? Wie gut war die persönliche Ebene? Ist Vertrauen in den Arzt vorhanden?

Symptom-Tagebuch führen

Wenn sich seit dem letzten Arztbesuch etwas geändert hat (Sie haben neue Beschwerden; Sie reagieren sensibel auf ein Medikament etc.) oder Sie Fragen haben, notieren Sie sich diese kurz, damit Sie Ihren Arzt beim nächsten Besuch darüber informieren können. Sie können auch ein „Befindlichkeitstagebuch“ führen, in das Sie Folgendes hineinschreiben: Beschwerden; Ihre Gedanken vor und nach dem Arztbesuch; was sich verbessert oder verschlechtert hat.

Unzufriedenheit thematisieren

Sollten Sie sich nach der bisherigen Behandlung nicht richtig verstanden oder ernst genommen fühlen, Zweifel an der Diagnose oder Behandlung haben oder Sie zu Ihrem Arzt (noch) nicht den „richtigen Draht“ gefunden haben, sollten Sie dies dem Arzt gegenüber offen ansprechen. Jeder gute und vernünftige Arzt wird das verstehen. Sollten Sie gar kein Vertrauen aufbauen können, ist es jedoch auch Ihr Recht, sich einen anderen Arzt zu suchen.

Zweite Meinung einholen

Hegen Sie starke Zweifel oder sollte Ihnen ein größerer operativer Eingriff nahegelegt worden sein, ist es sinnvoll, sich eine zweite Meinung einzuholen. Sie können diesbezüglich auch bei Ihrer Krankenkasse nachfragen, eine Selbsthilfeorganisation um Rat bitten oder zu einem weiteren Arzt Ihrer Wahl gehen.

Sich begleiten lassen

Fragen Sie bei Arztbesuchen, die mit ganz großen Ängsten verbunden sind, einen nahestehenden Menschen, ob er Sie begleitet. Es kann sehr beruhigend sein, jemand an seiner Seite zu wissen, der wortwörtlich oder in Gedanken Händchen hält und bei einem Arztgespräch mit zuhört.

Ausziehfreundlich anziehen

Ziehen Sie sich „ausziehfreundlich“ an. Kleidung, aus der Sie schnell heraus- und wieder hineinschlüpfen können, kann eine Menge Stress vor und nach eventuellen Untersuchungen ersparen.

Ideen zur Ablenkung

Vielleicht nehmen Sie sich auch etwas zum Lesen oder zum Zeichnen mit oder lösen Sie ein Kreuzworträtsel. Nehmen Sie Ihr Smartphone mit, um Musik oder Hörbücher zu hören oder um zu surfen. So haben es Grübeleien sehr viel schwerer, sich bei Ihnen festzukrallen. Einen kleinen Handschmeichler oder einen Glücksbringer in der Hand zu halten, kann Ihre Anspannung mildern. Ebenso ein schönes Foto, das Sie anschauen können (dank Smartphone ist das ja praktisch jederzeit möglich).

Wenn man mittendrin ist – der Notfall-Plan

Sie sitzen nun also im Wartezimmer und merken, wie Ihnen die Aufregung langsam in die Organe kriecht. Je länger Sie warten müssen, desto nervöser werden Sie vielleicht. Sie sind womöglich gar nicht dazu gekommen, sich gut auf dem Arztbesuch vorzubereiten, da alles so schnell gehen musste. Oder Sie sind trotz guter Vorbereitung total aufgeregt und ängstlich und fühlen sich dadurch überstimuliert.

Die nachfolgenden Tipps können Ihnen helfen, das Beste aus der Situation zu machen:

Wartezeit erfragen

Sie können an der Rezeption nachfragen, wie lange Sie ungefähr warten müssen und ob Sie eventuell noch Zeit für einen kleinen Spaziergang haben. So bekommen Sie möglicherweise die Gelegenheit, einmal um den Block zu gehen und müssen nicht so lange im vollen Wartezimmer sitzen.

Mit den Zehen wackeln

Um Anspannung abzubauen, kann es sehr hilfreich sein, mit den Zehen zu wackeln. Durch das Zehenwackeln bauen Sie auf ganz einfache Weise Stress ab, da das ein bewusster Akt ist, der Sie vom Grübeln ablenkt. Das Tolle: Niemand im Wartezimmer bekommt es mit (es sei denn, Sie tragen Sandalen und werden beobachtet).

Generell können Sie überschießende Energie mit gezielten Muskelanspannungen verbrauchen. Große Muskelpartien wie die Bein- und Gesäßmuskulatur leisten das naturgemäß besser als kleine. Anspannung einige Sekunden anhalten, Anspannung loslassen. Immer im Wechsel.

Finger kneten

Kneten Sie sanft Ihre Finger durch, Stück für Stück, Fingerglied für Fingerglied. Auch das ist ein bewusster Akt, der Sie vom Grübeln ablenkt und Sie ins Hier und Jetzt zurückholt. Noch dazu tut so eine sanft-massierende Berührung gut.

Aufrecht sitzen

Richten Sie sich auf dem Stuhl auf – nicht nur im Wartezimmer – sondern auch später, wenn Sie dem Arzt gegenübersitzen. Stellen Sie sich vor, dass Ihr Kopf an einem unsichtbaren Faden an der

Decke befestigt ist. Ihre Füße stellen Sie am besten parallel zueinander fest auf den Boden, damit Sie ein „Standing“ haben. Übereinandergeschlagene Beine machen Sie eher wackelig und unsicher und nehmen Ihnen Ihre Souveränität.

Tiefes Atmen

Wie in so vielen überstimulierenden Situationen kann auch hier das bewusste langsame und tiefe Atmen helfen, Ihre Aufregung herunterzudimmen. Atmen Sie langsam durch die Nase ein und durch den Mund wieder aus. Versuchen Sie, tief in den Bauch zu atmen. Ein besseres Gefühl für die Bauchatmung bekommen Sie, wenn Sie die Hand auf den Bauch unterhalb des Nabels legen. Es kann auch helfen, beim Ein- und Ausatmen langsam bis 5 zu zählen und auf das Ein- und Ausströmen der Atemluft zu achten.

Wartezimmerzeitschriften meiden

Sollten Sie den Impuls haben, in den typischen Wartezimmer-Zeitschriften zu blättern, machen Sie sich bewusst:

Die meisten Zeitschriften haben eine zusätzliche (meist negative) stimulierende Wirkung. Ganz besonders Männermagazine, Frauenzeitschriften, Fitness- und „Health“-Blätter sowie Klatsch- und Tratschgazetten mit den dort propagierten „Trends“ und Schönheitsidealen haben die ungute Eigenschaft, die meisten Menschen unterschwellig unzufrieden zu machen. Mir persönlich ist sogar eine bekannte große Hundezeitschrift zuwider, da sie mir das Gefühl gibt, als Hundehalter ständig etwas falsch zu machen, wenn ich nicht die dort angepriesenen (und sich oft widersprechenden) Methoden praktiziere oder das vermeintlich falsche Hundefutter gebe. Gleiches gilt bestimmt auch für Katzen- und Hamstermagazine.

Schriftlicher Gedanken-Großputz

Wenn Sie etwas zum Schreiben dabei haben, kann es sehr hilfreich sein, alle Ihre Gedanken ungefiltert aufzuschreiben. Sozusagen ein schriftlicher Gedanken-Großputz, den Sie so lange betreiben, bis Sie aufgerufen werden. Das klärt Ihren Kopf, da alles, was Sie umtreibt, bald auf einem Stück Papier steht und Sie weniger stimuliert.

Positive Affirmationen

Unser Gehirn tendiert dazu, sich auf Probleme und Gefahren zu konzentrieren und damit Ängste und Sorgen zu produzieren. Umso wichtiger ist es, dass wir uns mit bewusst positiv formulierten Sätzen, sogenannten „Affirmationen“, selbst beruhigen. Positive Affirmationen sind bewusst zuversichtlich formulierte Sätze, die wir uns selbst wieder und wieder sagen, um unsere unguten und abträglichen Gedanken umzuprogrammieren.

BEISPIELE FÜR POSITIVE AFFIRMATIONEN !

- Ich bin hier sicher.
- Ich vertraue darauf, dass alles gut wird.
- Ich entspanne mich und bin ganz ruhig.
- Ich atme tief, ruhig und entspannt.
- Ich bin mutig.
- Dieser Tag hat ungeahnte Möglichkeiten.
- Es ist gut für mich, hier zu sein.
- Schon bald merke ich, dass es mir besser gehen wird.

Das sind nur einige Vorschläge. Sie können sich auch eigene positive Affirmationen überlegen und ausprobieren. Leistungssportler nutzen diese Technik übrigens auch.

Fester Blick

Wenn Sie später dem Arzt gegenübersitzen, richten Sie sich gerade auf und blicken ihm fest ins Gesicht. Trauen Sie sich, Ihre Notizen herauszuholen und Punkt für Punkt Ihre Fragen zu stellen und auch, sich neue Notizen zu machen.

Stärkende Gedanken

Eine hochsensible Freundin von mir, die aufgrund einer chronischen Erkrankung häufig mit Ärzten zu tun hat, hilft sich mit folgenden Gedanken:

„Mir kann hier niemand etwas. Streng genommen sind Ärzte Dienstleister und keine Zwangsvollstrecker in Sachen Körper. Im besten Fall gehe ich positiver, geheilter, schlauer, aufgeklärter und ernst genommen hier heraus. Im schlechtesten Fall passiert eben nichts. Niemand, kein Weißkittel dieser Welt, kann mich zu etwas zwingen, das ich nicht wirklich möchte. Ich habe das Recht, zu allem, was mit mir gemacht werden soll, mein Einverständnis zu geben.“

Nicht Ärzte oder Krankenschwestern definieren, was erträglich ist, sondern einzig und allein der Betroffene. Besonders Schmerzen sind subjektiv und können von Außenstehenden nicht eingeschätzt werden.

ÜBERSTIMULIERENDE ALLTAGSSITUATIONEN

„Indisches Passagierflugzeug rammt Büffel auf der Startbahn!"

„Auto brennt in Bocholt – Mann rettete sein Bier!"

„Scheintote weinte in der Leichenhalle – Ich bin nicht tot, ich friere so!"

Diese bizarren Überschriften sind alle echt. Sie stammen aus der Boulevardzeitung mit den vier großen Buchstaben. Doch es wäre zu einfach, lediglich das „Springer' sche Revolverblatt" für unethischen Journalismus oder Effekthascherei heranzuziehen. Auch im Internet und in den sozialen Medien wird permanent um unsere Aufmerksamkeit gebuhlt; selbst seriöse Medien tun das.

Ungute Überstimulation durch News – und was wir dagegen tun können

Täglich prasseln sie auf uns ein – vermeintliche Nachrichten, auch „News" genannt. Ob als Schlagzeilen in der Tageszeitung, als Lockmittel bei „heftig.co" oder als inszenierter Konflikt im Fernsehen. Unser körpereigenes Belohnungssystem ist ständig auf der Jagd nach neuen Reizen und frischem Input. Wir springen fast automatisch auf diese Art der Informationen an und lassen uns damit unser kostbares Hirn vernebeln. Zum Dank werden wir aufs Feinste überstimuliert.

Es wird Zeit, Nachrichten als „toxische Wissensform" zu erkennen.

Der Schweizer Schriftsteller und Unternehmer Rolf Dobelli beschäftigt sich unter anderem mit der Wirkung von Nachrichten auf unseren Organismus und plädiert für eine gesunde Nachrichtendiät.

Laut Dobelli sind News für unseren Geist, was Zucker für den Körper ist: appetitlich, leicht verdaulich und gleichzeitig höchst schädlich. Unser zentrales Nervensystem reagiert unverhältnismäßig stark auf Nachrichten. Führen wir uns diese permanent zu Gemüte, sind wir unter einem großen kognitiven Aufwand gezwungen, das wirklich Relevante aus den News herauszufiltern. Was vielen von uns nicht wirklich gut gelingt. Schon gar nicht, wenn wir sowieso schon überstimuliert sind. Ein Teil unseres vegetativen Nervensystems wird somit unablässig auf Trab gehalten, was dazu führt, dass es durch jede beunruhigende Meldung zur Ausschüttung des Stresshormons Cortisol kommt.

Wenn wir also permanent News zu verdauen haben – morgens im Radio und in der Tageszeitung, zwischendurch auf Twitter und abends in der Tagesschau, kurz vor dem Schlafengehen auf dem Smartphone, befindet sich unser Körper in einem chronischen Stresszustand. Natürlich wissen wir, dass diese Art von Stress nicht gut ist und Nebenwirkungen wie Angstzustände, Aggressivität und emotionale Abstumpfung nach sich ziehen kann.

Noch dazu lenken uns News oft von unseren eigentlichen Themen ab, die für uns sehr viel wertvoller wären. Stattdessen lassen wir unsere Aufmerksamkeit bereitwillig auf Themen lenken, die uns nichts nützen, oder auf solche, die außerhalb unseres Einflussbereiches liegen. Da geht viel wertvolle Lebenszeit verloren.

Jetzt kommt natürlich der berechtigte Einwand:
Wie soll man denn sonst auf dem Laufenden bleiben?

Wirklich Wichtiges erfahren wir meist über die Familie, Freunde und Kollegen, die uns zuverlässig über relevante Ereignisse berichten. Und der Rest?

DER RAT IN DEN WORTEN VON DOBELLI: !

„Lesen Sie Bücher, Buchzusammenfassungen und anregende Zeitschriften mit langen Artikeln, die der Komplexität der Welt gerecht werden. Keine funkelnden Schlagzeilen. (...) Vertiefte Lektüre ist unlösbar mit tiefem Denken verknüpft. Wenn Sie die Fähigkeit zurückgewinnen wollen, sich zu konzentrieren und sich in ein Thema zu versenken, führt kein Weg an einer newsfreien geistigen Diät vorbei. Nach meiner Erfahrung braucht das Hirn etwa ein Jahr Newsabstinenz, bis es wieder die Struktur hat, um lange Texte aufzunehmen."

(Dobelli, im „Schweizer Monat", Nr. 984, im März 2011, S. 22)

Mein Mann und ich haben vor einiger Zeit einen großen News-Kehraus gemacht:

- Fachzeitschriftenabos haben wir gekündigt oder sie auf das Wesentliche minimiert.
- Wir haben eine Wochenzeitung statt einer Tageszeitung abonniert.
- Im Internet holen wir uns Nachrichten gezielt von einigen wenigen ausgewählten Seiten.

- Kommentare unter Online-Artikeln lesen wir nur, wenn es wirklich Sinn machen könnte.
- In den sozialen Netzwerken haben wir Listen angelegt, um unseren News-Feed vorzufiltern. Auch haben wir eingestellt, wie wir über Neuerungen erfahren möchten: nur über die jeweilige Plattform oder per E-Mail.
- Wir lassen uns Buchzusammenfassungen über „getAbstract.com“ schicken und entscheiden dann, ob wir das Buch tatsächlich ganz lesen möchten.

Unser Fazit: Wir vermissen gar nichts. Wir verpassen wahrscheinlich auch nichts. Und wenn, dann ist das auch nicht so schlimm.

Einen Fernseher haben wir schon seit Jahren nicht mehr. Man kann zur Not alles in den Mediatheken oder bei YouTube ansehen. Dafür lesen wir viele Bücher, hören Podcasts oder die Reportagen und Interviews des Deutschlandradios Kultur beim Autofahren.

Warum Sie beim Surfen nicht jeden Hyperlink anklicken sollten

„Oh toll, ein neuer Blogartikel von …! Den muss ich unbedingt lesen!“

Schön, dass es solche Blogs gibt, die genau diese Gedanken auslösen. Da nimmt man sich gerne fünf Minuten Zeit, um sich unterhalten zu lassen oder einen fangfrischen Tipp abzugreifen. Wenn da nicht immer wieder diese verlockenden weiterführenden Links im Text wären … Gerade Hochsensible sind oft besonders gründlich und gewissenhaft und fühlen sich schnell bemüßigt, sämtliche zusätzlichen Hyperlinks im Artikel anzuklicken. Nach dem Motto:

*„Ah, das gehört dazu, das sollte ich auch noch lesen, ist bestimmt voll wichtig und wertvoll!“ *klick**

Wenn man obendrein noch das „Scanner-Gen“ im Blut hat, springt man besonders gern auf jeden Hyperlink-Zug auf. (Den Begriff des „Scanners“ hat US-amerikanische Autorin Barbara Sher geprägt. Gemeint sind Menschen, die sich für viele Dinge interessieren und sich schnell langweilen. Mehr darüber finden Sie in ihrem Buch „Du musst dich nicht entscheiden, wenn du 1000 Träume hast“.)

Das Klicken auf Hyperlinks machen viele nicht nur aus Angst etwas zu verpassen, sondern auch, weil ihnen so vieles so schrecklich spannend erscheint. Dadurch geraten sie natürlich schnell in Gefahr, sich zu verzetteln und das eigentliche Ziel aus den Augen zu verlieren, nämlich lediglich diesen einen Artikel zu lesen.

Der Preis für die neugierige „Weiterklickerei“ ist oft sehr hoch!

Machen wir uns doch mal bewusst:

- Wenn wir uns dafür entscheiden, einen weiterführenden Link anzuklicken, unterbrechen wir im Prinzip unser eigentliches Vorhaben.
- Wir packen uns mit dem zusätzlichen Link noch ein Extra-To-do auf unsere Liste.
- Wir werden sehr schnell überstimuliert und überfrachten unser Kurzzeitgedächtnis mit viel zu vielen, meist völlig unzusammenhängenden, Informationen.

Im besten Fall bekommen wir eine zusätzliche Info, die uns wirklich weiterhilft, zahlen dafür aber mit den Währungen Zeit und Arbeitsspeicherkapazität unseres Oberstübchens. Im schlechtesten Fall schaffen wir unsere ursprünglich geplanten Aufgaben nicht und haben keinen wirklichen Mehrwert generiert – uns aber zusätzlichen Stress gemacht.

Dieser führt dummerweise zu einem Anstieg des Stresshormons Cortisol, was bekanntlich für den eigenen Reiz-Haushalt schädlich ist. Wir erinnern uns: Die geistige Festplatte bei Hochsensiblen ist immer aufnahmebereit – so lange, bis es zum Crash kommt (Overload). Es sei denn, man macht eine Pause, bevor man merkt, dass man sie braucht.

!

NEHMEN SIE SICH DOCH MAL EIN PAAR MINUTEN UND REFLEKTIEREN SIE IHR SURFVERHALTEN

1. Wie oft pro Stunde gehen Sie online (ganz gleich ob Rechner, Tablet oder Smartphone)?
2. Wie gehen Sie vor, wenn Sie im Internet etwas gezielt lesen wollen?
3. Wie oft surfen Sie weiter weg als drei Klicks vom Suchergebnis?
4. Wie leicht lassen Sie sich von Hyperlinks verführen, draufzuklicken?
5. Welche Webseiten bringen Ihnen wirklich einen angemessenen Gegenwert im Verhältnis zu der Zeit, die Sie dort verbringen?
6. Mal angenommen, Sie hätten täglich nur 10 Minuten Zeit für das Lesen im Internet. Worauf würden Sie auf keinen Fall verzichten wollen?
7. Auf einer Skala von 1 (ich bin total fokussiert) bis 10 (ich klicke mich dumm und dösig): Wie viel Link-Junkie steckt in Ihnen?

Das können Sie tun, wenn Sie mit Ihrem Surfverhalten unzufrieden sind

- Stellen Sie sich Regeln auf. Beispielsweise:
  - Ich recherchiere maximal so lange, bis ich die drei Bilder für meinen Blogartikel gefunden habe.
  - Ich klicke maximal zwei Hyperlinks pro Artikel an, wenn sie wirklich wertvoll erscheinen und ich genug Zeit habe.
- Definieren Sie feste Surf-Zeiten pro Tag. Zum Beispiel: morgens nach dem zweiten Frühstück; nachmittags, wenn die Luft eh raus ist und abends gemütlich im Sessel zum reinen Spaß-Surfen. Stellen Sie sich am besten einen Timer, damit es nicht ausufert. Achtung: Wenn Sie morgens gleich nach dem Aufwachen als erste Handlung ins Internet gehen, ist die Wahrscheinlichkeit, dass Sie sich überstimulieren, sehr hoch.
- Sie können sich auch ein „Surfzeit-Budget" verschreiben. Zum Beispiel: 90 Minuten täglich surfen sind erlaubt; die dürfen gnadenlos ausgeschöpft werden, müssen aber nicht. Da werden Erinnerungen an das Surfen in Internetcafés wach.
- Beschränken Sie sich uneingeschränkt auf die Blogs und die Internetseiten, bei denen wirklich Ihre Lieblingsschreiber am Werk sind, und speichern diese gesondert ab.
- Sie können sich auch austricksen und auf Ihrem Rechner Anwendungen installieren, mit denen Sie Ihr Surfverhalten überprüfen und limitieren können (z. B. *Concentrate* oder *RescueTime*)

Ich selbst arbeite am liebsten mit dem Timer meines Smartphones oder zu Hause mit einer analogen Eieruhr. Diese kleinen Helfer lassen mich bis zu ihrem Klingeln mit gutem Gewissen surfen, frei nach dem Motto: „Wenn ich es jetzt tue, ist es völlig okay."

PRAKTISCHE HELFERLEIN

Bis hierher haben Sie nun viele Tipps und Tricks kennengelernt, wie Sie Ihren Alltag selbstfreundlicher gestalten können.

In diesem Kapitel gebe ich Ihnen zusätzlich noch ein paar kleine Hilfsmittel an die Hand: Einen Test, mit dem Sie herausfinden können, ob Sie auch hochsensibel sind. Praktische Metaphern, mit deren Hilfe Sie anderen Ihre Hochsensibilität erklären können. Und aufgrund eigener kurioser Erlebnisse finden Sie auch noch eine kleine Typologie darüber, wie andere Menschen typischerweise auf hochsensible Personen reagieren.

Bitte beantworten Sie die folgenden 27 Fragen möglichst zügig und aus dem Bauch heraus. Wenn Sie sich nicht ganz sicher sind, fragen Sie sich, wie ein Mensch, der Sie sehr gut kennt, Sie wohl einschätzen würde.

Ich finde den Test hilfreich, um eine Idee davon zu bekommen, was Hochsensibilität ausmacht. Es geht jedoch nicht darum, nun Ihr ganzes Leben radikal auf den Kopf zu stellen, nur weil ein bestimmtes Ergebnis herauskommt.

Die HSP-Skala – Sind Sie hochsensibel?

Ein Selbsttest nach Elaine N. Aron.

Ich fühle mich durch starke Sinneseindrücke leicht überwältigt.	Ja	Nein
Ich scheine Feinheiten in meiner Umgebung wahrzunehmen.	Ja	Nein
Die Stimmungen anderer Menschen beeinflussen mich.	Ja	Nein
Ich reagiere eher empfindlich auf körperlichen Schmerz.	Ja	Nein
Ich habe an geschäftigen Tagen das Bedürfnis, mich zurückzuziehen – entweder ins Bett, in einen abgedunkelten Raum oder an einen anderen Ort, wo ich allein sein und mich von den Reizen erholen kann.	Ja	Nein
Auf Koffein reagiere ich heftiger als viele andere Menschen.	Ja	Nein
Ich fühle mich schnell überwältigt von Dingen wie grellen Lichtern, starken Gerüchen oder Einsatzwagen mit Martinshorn.	Ja	Nein
Ich habe ein reiches, vielschichtiges Innenleben.	Ja	Nein
Laute Geräusche bereiten mir Unbehagen.	Ja	Nein
Kunst oder Musik bewegen mich tief.	Ja	Nein
Manchmal liegen meine Nerven derart blank, dass ich nur noch allein sein möchte.	Ja	Nein
Ich bin ein gewissenhafter Mensch.	Ja	Nein
Ich bin schreckhaft.	Ja	Nein
Es bringt mich leicht aus der Fassung, wenn ich in kurzer Zeit viel erledigen muss.	Ja	Nein
Wenn andere Menschen sich in einer Umgebung unwohl fühlen, weiß ich eher als manche andere, was notwendig ist, um Wohlbefinden herzustellen (z. B. durch eine Veränderung der Beleuchtung oder der Sitzordnung).	Ja	Nein
Ich werde ärgerlich, wenn man von mir erwartet, zu viele Dinge gleichzeitig zu tun.	Ja	Nein

Ich gebe mir große Mühe, Fehler zu vermeiden oder Dinge nicht zu vergessen.	Ja	Nein
Fernsehsendungen und Spielfilme mit Gewaltszenen meide ich.	Ja	Nein
Ich fühle mich unangenehm aufgeregt, wenn sich um mich herum viel abspielt.	Ja	Nein
Großer Hunger löst bei mir eine starke Reaktion aus, er stört nachhaltig meine Konzentration und beeinträchtigt meine Stimmung.	Ja	Nein
Veränderungen in meinem Leben treffen mich sehr heftig.	Ja	Nein
Ich bemerke und genieße feine Düfte und Geschmacksrichtungen, schöne Klänge und Kunstwerke.	Ja	Nein
Ich empfinde es als unangenehm, wenn vieles um mich herum auf einmal geschieht.	Ja	Nein
Für mich ist es wichtig, mein Leben so zu organisieren, dass ich Situationen vermeide, die mich aufregen oder überwältigen.	Ja	Nein
Laute Geräusche, chaotische Szenen und ähnliche starke Reize stören mich.	Ja	Nein
Wenn ich mit anderen Menschen konkurrieren muss oder beobachtet werde, während ich eine Aufgabe erfülle, macht mich das so nervös und unsicher, dass ich weitaus schlechter als sonst abschneide.	Ja	Nein
Als Kind haben meine Eltern und Lehrer mich als sensibel oder schüchtern angesehen.	Ja	Nein

Aus dem Buch „Hochsensible Menschen in der Psychotherapie", S. 261ff.)

Wenn Sie mehr als 14 Fragen mit „Ja" beantwortet haben, sind Sie wahrscheinlich hochsensibel. Jedoch ist kein psychologischer Test so treffsicher, dass er einen Menschen vollkommen beschreiben kann. Zudem sollte niemand sein Leben nach einem Test ausrichten.

Wenn auf Sie weniger Aussagen zutreffen, die aber dafür ganz und gar, dann können Sie sich ebenfalls mit Fug und Recht als hochsensibel bezeichnen, besonders, wenn Sie ein Mann sind.

Man sollte sein Testergebnis immer als ein Puzzlesteinchen im großen Ganzen betrachten und nicht jede Antwort auf die Goldwaage legen. Auch innerhalb der Hochsensiblen gibt es ein breit gefächertes Spektrum.

Ich kenne Hochsensible, die sich ohne besondere Nebenwirkungen einen Kaffee nach dem anderen einverleiben können oder solche, die trotz ihrer Hochsensibilität auch mal Trubel lieben. Letztendlich möchte jeder Mensch vor allem wahrgenommen und so akzeptiert werden, wie er ist. Ganz gleich, ob er nun hochsensibel ist oder nicht.

Wie man anderen Hochsensibilität erklären kann

„Ich bin wie ein Schwamm, der alles aufsaugt. Irgendwann bin ich voll und kann nichts mehr aufnehmen."

„Wie eine Schnecke ohne Haus, als hätte ich 1000 Fühler am Körper, die alles wahrnehmen."

„Ich fühle mich heute so fragmentiert und muss mich dringend defragmentieren, sprich: meine Ruhe haben."

„Wenn zu viel auf mich einströmt, fühle ich mich wie ein Rechner, bei dem zu viele Programme geöffnet sind. Irgendwann tut sich gar nichts mehr und das Bild friert ein. Dann ist es das Beste für mich, erst einmal alle Systeme runterzufahren und ein Nickerchen zu machen ..."

„Für die einen ist es eine Brise, für mich ist es ein Orkan."

Dies ist nur eine Auswahl der Schilderungen, die Hochsensible mir gegenüber oder in Foren geäußert haben.

Ich halte es nicht für ratsam, jedem von seiner Hochsensibilität zu erzählen. Gerade in beruflichen Kontexten sollte man sich gut überlegen, wem gegenüber man sich „outet". Gegenüber wohlmeinenden, vertrauenswürdigen Menschen und Freunden, denen man sich verbunden fühlt, kann es jedoch sehr hilfreich sein, die eigene Wesensart zu offenbaren. Gerade durch Metaphern kann man sehr schön erklären, was es mit der Hochsensibilität auf sich hat. Wer weiß, vielleicht ist ihr Gegenüber womöglich ebenfalls hochsensibel. Ganz besonders gut gefallen mir die folgenden Vergleiche.

Der Bienenstock

Stell dir einfach mal vor, dein Kopf wäre ein Bienenstock und die Blütenpollen, die von den Bienen in den Bienenstock transportiert werden, wären die Informationen, die tagtäglich auf dich einströmen.

Dein Bienenstock hat genau 3 Eingänge.

Die Bienen fliegen tagein, tagaus mit ihren gesammelten Blütenpollen und Nektartöpfchen durch diese Eingänge und liefern ihren Ertrag an die anderen Arbeiterinnen ab. So können diese mit dem Pollen ihre Brut versorgen und den Nektar zu Honig verarbeiten.

Ich als Hochsensibler funktioniere etwas anders:

Mein Bienenstock hat nicht 3, sondern 12 Eingänge.

Das bedeutet, dass in der gleichen Zeit viermal so viele Bienen in meinen Bienenstock strömen.

Allerdings kann in jedem Bienenstock immer nur eine bestimmte Anzahl von Blütenpollen und Nektar verarbeitet werden – denn die Arbeiterinnen, die den Ertrag entgegennehmen, arbeiten in beiden Bienenstöcken auf die gleiche Art und Weise.

Deshalb kommt es in meinem Bienenstock früher als in dem anderen zum so genannten „Blütenpollenstau". Meine Arbeiterinnen winken irgendwann genervt hab, weil sie mit dem Abarbeiten der Blütenpollen nicht mehr hinterherkommen. Sie hängen kurz entschlossen ein Schild vor dem Bienenstock auf: „Wegen Überfüllung geschlossen. Bitte kommt später wieder."

Denn zuerst müssen die Blütenpollen im Stock abgearbeitet werden. Erst dann ist mein Bienenstock wieder aufnahmefähig.

Bei deinem Bienenstock kann dies auch der Fall sein, aber dafür müssten die Bienen schneller in deinen Bienenstock fliegen. Und es wird längere Zeit dauern, bis bei dir wegen Überfüllung geschlossen ist.

Diese wunderbare Metapher stammt von Julia Bender, die auch einen empfehlenswerten Blog für Hochsensible betreibt: „hochsensibel1753.wordpress.com". Die Imkerin Gabriele Kück hat sie fachlich für uns fein geschliffen.

Der Knautschball

Sie kennen doch sicher diese knetbaren Anti-Stress-Bälle, die man ordentlich durchwalken kann, wenn man genervt oder gestresst ist. Es gibt welche, die eine Weile benötigen, bevor sie nach dem Knautschen wieder in ihre ursprüngliche Form zurückfinden.

Wenn ein Mensch also mit Eindrücken und Reizen von außen oder innen berührt wird, wird er, so wie dieser Ball, an bestimmten Stellen eingedrückt. Ist dieser Mensch hochsensibel, kommen bei ihm weitaus mehr Informationen an, sodass er entsprechend viele und tiefe Druckstellen hat. Das Zurückverformen in den Ausgangszustand dauert hinterher um einiges länger.

Wann man als Hochsensibler also mit zu vielen tiefen Eindrücken beladen ist, kann man in der Zeit des „Ausbeulens“ nur schwer etwas Neues aufnehmen, Aktuelles weiterführen oder auf Bestehendes zugreifen. Bei zusätzlichen Reizen fühlt man sich dann schnell komplett zerknautscht.

Diese Metapher, inklusive echter Knautschbälle, nutze ich selber sehr gerne. Julia Bender hat darüber unter „Fokus-Pokus“ auch sehr erhellend in ihrem vorstehend genannten Blog geschrieben.

Die Kartoffelernte

Stellen wir uns vor, wir sind Gast bei der Kartoffelernte von Bauer Albers.

Ein Schwung frisch geernteter Kartoffeln wird abgekippt und landet zum Sortieren auf dem Fließband. Alle Kartoffeln sind unterschiedlich groß: Sie werden bei Albers aber nur nach drei Größen sortiert.

Es gibt auf dem Fließband kleine, große und mittlere Löcher, durch die die Kartoffeln durchfallen können. Kleine Kartoffeln fallen gleich zu Beginn in die kleinen Löcher. Die mittleren Erdäpfel kullern etwas später in die mittelgroßen, und die großen fallen ganz zum Schluss in die großen Löcher. Das funktioniert einwandfrei, da es nur 3 Sortiergrößen gibt.

Der hochsensible Bauer Harms meint es jedoch ganz genau und will seine Kartoffeln nach 15 Größen sortieren. Er hat ein Fließband mit 15 unterschiedlich großen Löchern. Bei ihm gibt es allerdings regelmäßig ein großes Kuddelmuddel und einen Rückstau, da er sein Fließband nicht langsamer einstellen kann.

Das Gleiche passiert im Nervensystem von Hochsensiblen. Es kann nicht allzu viel auf einmal verarbeiten, leistet jedoch Erstaunliches, wenn es auf kleine Details ankommt.

Diese Metapher stammt aus dem Buch „Hochsensible Menschen in der Psychotherapie“ von Elaine N. Aron (2014, vgl. S. 83). Dort wurden allerdings Orangen auf einer Farm sortiert. Hier in Deutschland kommt mir sofort das Bild der Kartoffelernte in den Sinn.

Das Fischernetz

Die Aufnahmefähigkeit von Menschen ist wie ein Fischernetz, das durchs Wasser gezogen wird und mitnimmt, was drin hängen bleibt. Was durch die Maschen flutscht, schwimmt zurück in die Freiheit. Irgendwann ist das Netz voll und wird an Bord gezogen, geleert und gereinigt.

Bei Hochsensiblen sind die Maschen besonders eng. Es ist viel schneller voll, da weniger durch die feinen Maschen hindurchschlüpfen kann. Es nimmt also viel mehr auf, als die Netze von Normalsensiblen. Der Hochsensible muss sein Netz daher viel öfter einholen, leeren und ausbessern.

Dieses Bild stammt aus dem wissenschaftlichen Aufsatz von Alexander Weber „Darf's ein bisschen weniger sein?! Hochsensible Patienten in der Pflege“.

Wie andere Menschen auf hochsensible Personen reagieren

Hochsensible bieten viel Raum für kuriose Reaktionen beim jeweiligen Gegenüber. Mir ist aufgefallen, dass es ein paar spezifische Typen gibt, mit denen es bekennende Hochsensible zu tun haben.

Der Skeptiker

Devise: *„Ah, wieder eine neue Sau, die durchs Dorf getrieben wird!“*

Für den Skeptiker ist es wichtig, erst einmal alles infrage zu stellen, was er nicht kennt. Das ist ja auch sein gutes Recht. Zum Thema „Hochsensibilität“ kontert er gerne mit „Burn-out“, dessen Existenz er allerdings auch anzweifelt. Eigentlich will er von diesen neuzeitlichen Themen gar nichts wissen und findet, dass solche Probleme doch irgendwie hausgemacht seien. Früher gab es dieses viele Psychogedöns jedenfalls nicht.

Das bedeutet nicht, dass der Skeptiker grundsätzlich etwas dagegen hat, dass jemand anders ist. Er mag es nur nicht, wenn sich Leute freiwillig in eine Schublade stecken oder ein Etikett anheften.

Typischer Satz:
„Für mich ist das nur eine Modeerscheinung.“

Der Gleichgesinnte

Devise: *„Oh, (ich glaub) ich auch!“*

Der Gleichgesinnte freut sich, dass er einem anderen Hochsensiblen begegnet. Es ist ihm wichtig, gleich die typischen Fragen zu stellen: *„Seit wann weißt du es?“; „Woran hast du es gemerkt?“; „Wie gehst du damit um?“*

Meistens berichtet er von seinem persönlichen „Gebirgsketten-Effekt“, sprich: Dem Kollern der Steine, die von seiner Seele purzelten, als er erstmalig in Kontakt mit dem Phänomen HSP kam – und was für ein tolles Gefühl das war.

Der Gleichgesinnte treibt sich bereits in Foren herum, besucht Veranstaltungen und liebäugelt damit, einen Stammtisch zu besuchen oder zu gründen. Womöglich betreibt er schon (s)einen Blog.

Typischer Satz:
„Welches Buch hast du dazu gelesen?“

Der Gefrustete

Devise: *„Oh nein, du auch? Hör mir auf ...“*

Der Gefrustete fühlt sich durch sein Gegenüber schmerzhaft daran erinnert, dass er ja selber HSP ist – und wie sehr er darunter leidet.

Meist lässt er seinen Frust heraus und zählt alles auf, was ihn total stresst: Dieser ewige Druck bei der Arbeit, das ständige Kaputtsein, sein Angestellten-Dasein mit den nervigen Kollegen oder sein Selbstständigen-Leben mit der ungeliebten Akquise und dem

Selbstmarketing, den vielen Verpflichtungen und Anforderungen. Furchtbar!

Der Gefrustete hat auch schon gar keine Lust mehr, sich mit dem Thema zu befassen, weil er ja doch nichts dran ändern kann. Er sieht nur die negativen Seiten und kann seiner Sensibilität gar nichts Positives abgewinnen. Sämtliche Versuche, sich damit zu arrangieren, haben ihn nur weiter darin bestätigt, dass Hochsensibilität scheußlich ist.

Typischer Satz:
„Wenn ich es mir aussuchen könnte, wäre ich gerne abgebrühter!"

Der Unbedarfte

Devise: *„Davon hab ich noch nie was gehört. Klingt spannend!"*

Der Unbedarfte ist grundsätzlich neuen Themen gegenüber aufgeschlossen. Er hört sich gerne an, was es mit der Hochsensibilität auf sich hat und stellt gezielte Fragen. Je mehr er hört, desto mehr ist er der Meinung, nicht dazuzugehören, mitunter fast mit einem kleinen Bedauern in der Stimme.

Gleichwohl überlegt er, den HSP-Test auch mal zu machen – schadet ja nicht. Vielleicht ist ja auch jemand in seinem Umfeld hochsensibel, da wäre es von Vorteil, mehr darüber zu wissen. Er lässt sich gerne ein paar Tipps geben, wo er weiterführende Informationen bekommt.

Typischer Satz:
„Wenn ich Zeit habe, google ich das mal."

Der Wissenschaftler

Devise: *„Gibt es dazu valide Daten und Studien?“*

Der Wissenschaftler zeigt sich grundsätzlich interessiert. Schließlich ist die Feststellung, dass manche Menschen sensibler sind als andere, ja nicht abwegig. Er möchte aber zunächst auf der Sach-Ebene abklopfen, ob die Existenz des Phänomens „Hochsensibilität“ auch wirklich durch verlässliche Daten belegt ist und seit wann es das gibt. Erst danach ist er bereit, weiterführende Fragen zu stellen.

Der Wissenschaftler geht sehr strukturiert und analytisch vor, stellt Fragen nach Forschungsarbeiten, Lehrstühlen und Evaluationen. Auch aktuelle Erkenntnisse aus der Hirnforschung werden abgefragt. Bisweilen beschleicht sein Gegenüber ein leichter Hauch von Inquisition …

Typischer Satz:
„Wer widmet sich der wissenschaftlichen Bearbeitung des Themas?“

Der Spirituelle

Devise: *„Werde der Engel, der du bist.“*

Der Spirituelle ist mit sehr großer Wahrscheinlichkeit auch hochsensibel – und wie!

Er sagt einem, dass er gleich das Gefühl hatte, dass man etwas ganz Besonderes sei. Er ist davon überzeugt, dass jedes lebende Wesen eine bestimmte Schwingung und Aura aussendet, seien es Blumen, Sonnen, Menschen, Tiere und Pflanzen. Und eigentlich alles andere auch.

Je hochsensibler er ist, desto mehr kann er geben und empfangen. Um spirituell und körperlich gesund zu bleiben, sorgt der Spirituelle dafür, dass er stets im Gleichgewicht bleibt. Der Fluss des Gebens und Nehmens ist bei ihm immer ausgeglichen. Ihm ist sehr daran gelegen, andere auf die Reise zu sich selbst mitzunehmen.

Er verströmt ein kreatives und schönes Licht und teilt es gerne mit seinen Mitmenschen.

Typischer Satz:
„Welchen Aszendenten hast du?"

Der Hobbypsychologe

Devise: *„Jeder hat ein Trauma!"*

Der Hobbypsychologe ist sofort Feuer und Flamme für das Thema, denn das Phänomen Hochsensibilität ist ihm längst bekannt.

Auch weiß er bereits ganz genau, wie es dazu kommt (schlimme Kindheit), und er spart nicht mit Diagnosen und Ratschlägen (z. B. Hypnose). Was das Thema mit Ihnen zu tun hat, will er gar nicht wissen, jedenfalls nicht von Ihnen. Denn er weiß es bereits.

Er sieht nämlich in all dem eine ganz andere Ursache: Traumata!

Wenn Sie es wagen, kein Trauma zu haben, können Sie schlimmstenfalls mit einer ausufernden Belehrung inklusive Geburtstrauma-Referat rechnen.

Typischer Satz:
„Wir alle wollen in Wirklichkeit zurück in den Bauch unserer Mutter!"

Die harte Nuss

Devise: *„Alles Weicheier!“*

Die harte Nuss lässt gerne durchschimmern, dass ihr diese ganze Verweichlichung auf den Keks geht. Sie hält all diese Themen für Einbildung. Ab und zu fallen Begriffe wie „Heulsuse“, „Mutti-Küsser“, „Weicheier“. Man muss sich halt auch einfach mal zusammenreißen. Das Leben ist nun mal kein Ponyhof – und wenn die Leute was tun, anstatt ewige Nabelschau zu betreiben, geht auch was voran.

Mit Psycho-Themen kann die harte Nuss grundsätzlich nichts anfangen. Für sie zählen pragmatische Dinge, die man sehen und anfassen kann.

Typischer Satz:
„Zieh dir mal kein Röckchen an!“

SCHÖNE DINGE TUN UND ENERGIE TANKEN

Hochsensible hinterlassen die wertvollsten Spuren dort, wo sie sich am wohlsten fühlen – und wenn es ihnen gut geht. Allerdings sind sie nicht sonderlich begabt darin, gut zu sich selbst zu sein. Nach dem Motto „Erst die Arbeit, dann das Vergnügen!“ strengen sie sich meist furchtbar an, um alles gewissenhaft abzuarbeiten. Darüber hinaus vernachlässigen sie häufig die Dinge, die ihnen wirklich guttun.

Damit Hochsensible ein gutes Gegengewicht zu all ihren Anpassungsleistungen, ihrer Selbstreflexion und ihrer fortwährenden Selbstoptimierung bekommen, sollten sie sich selbst ganz viel Gutes tun. Wenn sie ihre Gewissenhaftigkeit auch sich selbst gegenüber zeigten, dürfte das doch eigentlich gar nicht so schwer sein.

In meinen Coachings arbeite ich gerne mit meinen Klienten daran, ihr Augenmerk auf die Dinge zu richten, die ihnen wirklich guttun und ihnen Energie (zurück-)geben: die eigenen Ressourcen. Durch die spielerische Herangehensweise wird vielen erst bewusst, wie einfach es doch sein kann, sich selbst gutzutun.

Nachfolgend zeige ich Ihnen ein paar Methoden, die ich selber nutze. Es handelt sich um kleine Übungen zur Minimierung der

Überstimulation, um freundliche Stimmungsheber und um Dinge, die gleichzeitig anderen eine Freude machen.

Der Ressourcen-Pool

1. Besorgen Sie sich 100 kleine Kärtchen in der Größe einer Visitenkarte (DIN A7 oder DIN A8). Am günstigsten sind kleine Mini-Karteikarten, die es auch in verschiedenen Farben gibt.
2. Besorgen Sie sich ein Stück hübsches, schmales Band (z. B. Kordelband oder Geschenkband aus Stoff) von etwa 20 cm Länge. Wenn Sie es noch praktischer wollen, empfehle ich „Verschlussketten“ oder schöne „Heftringe“, die man öffnen kann. Sie finden solche Helferlein im Internet oder in Bastelläden.
3. 50 der Kärtchen brauchen Sie gleich, die anderen 50 legen Sie erst einmal beiseite.
4. Lochen Sie die Kärtchen gleichmäßig an einer Ecke und ziehen Sie sie auf Ihr Band. Nun haben Sie einen Batzen Kärtchen beieinander, so wie an einem Schlüsselbund.
5. Verknoten Sie das Band so, dass Sie es wieder öffnen können, damit sich jederzeit Kärtchen zufügen oder herausnehmen lassen.
6. Holen Sie sich einen Stift, mit dem Sie richtig gerne schreiben.
7. Nun suchen Sie sich einen Ort, an dem Sie sich wohlfühlen und an dem Ihnen gute Gedanken kommen. Das kann drinnen aber auch draußen sein, irgendwo auf einer Parkbank oder in einem netten Café. Hauptsache ist, dass Sie dort gerne sind.
8. Überlegen Sie, was für Sie echte Energiequellen sind. Wobei fühlen Sie sich wohl? Was tun Sie, um runterzukommen und sich zu entreizen? Was gibt Ihnen Energie? Was hilft Ihnen dabei, einen guten Tag zu haben? Was ist mit relativ wenig Aufwand möglich?
9. Schreiben Sie pro Kärtchen eine für Sie angenehme Aktivität auf.

Zur Anregung gebe ich Ihnen eine Übersicht mit einigen Beispielen. Das ist ein Mix aus meinen eigenen und den Ressourcen-Pools meiner Klienten. Ihnen werden ganz bestimmt noch einige andere Dinge einfallen.

Liste angenehmer Tätigkeiten:

mir einen Blumenstrauß kaufen	Dinge sammeln	etwas nähen
zu einem Lieblingslied tanzen	einen Spaziergang machen	eine schöne Zeitschrift lesen
Musik hören	etwas Lustiges zeichnen	in Facebook herumstöbern
Lieblingsschokolade essen	Eis essen gehen	Fotos bearbeiten
ein Bad nehmen	im Haus laut singen	Wochenmarktbummel machen
einen Roman lesen	ein Nickerchen machen	Tagebuch schreiben
eine Ecke der Wohnung wienern	Tagträumen	Radio hören
ein Sachbuch lesen	einen Film gucken	eine Serie schauen
Rätsel lösen	ein Tier streicheln	mich gut anziehen
mich schön zurecht machen	Telefonieren	ins Museum gehen
eine Galerie besuchen	eine Kerze anzünden	mir einen Tee kochen
in der Wohnung herumpuzzeln	mit jemand essen gehen	alte Fotos anschauen
mir eine Massage gönnen	in ein Café gehen	ein Puzzle legen
Staubsaugen	Fenster putzen	einen VHS-Kurs besuchen

Joggen gehen	jemandem eine Freude machen	Papiere ordnen
etwas Leckeres kochen	Musik machen	etwas hübsch dekorieren
Aufräumen/etwas entsorgen	duftendes Waschpulver kaufen	Sport schauen
Picknick machen	Fotografieren	Himmel beobachten
Grillen	ein lustiges Handy-Video drehen	im Garten herumbuddeln
Einkaufsbummel	Inline-Skaten	Fahrrad fahren
eine Postkarte verschicken	Stadtbummel ohne Einkauf	Sex haben
Pilze sammeln	Beeren pflücken	in die Sauna gehen
Schwimmen gehen	ein Hamam besuchen	Flohmarkt besuchen
Angeln gehen	kegeln oder bowlen gehen	Camping
Auto waschen (lassen)	jemanden massieren	einen Brief von Hand schreiben
Meditieren	Yogaübung	Konzert besuchen
für jemanden kochen	ein Zimmer neu gestalten	jemand Nettes besuchen
ins Theater gehen	einen Blogartikel schreiben	Lieblingssportart betreiben
Urlaub planen	einen Ausflug planen	Theater spielen
notieren, wofür ich dankbar bin	jemandem zuhören	mich verabreden
die Hände eincremen	meinen Lieblingsduft tragen	einen Espresso trinken

Wichtig ist, dass solche Dinge wirklich zu Ihnen und Ihrem Wesen passen. Sie sollen Ihnen wohltun und ein bekömmliches Gegengewicht zu den Anforderungen Ihres Alltags bieten.

Peu à peu wird sich Ihr Ressourcen-Pool füllen. Sie können jederzeit weitere Kärtchen ergänzen, wenn Ihnen etwas Schönes einfällt.

Und so können Sie damit weiterarbeiten:

- Sie können z. B. zu Beginn einer Woche blind drei Kärtchen aus dem Stapel ziehen und sich „verpflichten", diese drei Aktivitäten in die aktuelle Woche einzubauen. Egal wann, Hauptsache ist, Sie tun es.
- Sie können sich aber auch bewusst drei (oder mehr) Kärtchen aus dem Pool aussuchen, denen Sie sich in der Woche widmen.
- Lassen Sie jemand anderes einige Karten für Sie aussuchen.
- Verstecken Sie Kärtchen in Ihrer Wohnung oder in Schriftstücken, an denen Sie gerade arbeiten. Wenn Sie auf das Kärtchen stoßen, „müssen" Sie sich mit der dort genannten Aktivität etwas Gutes tun.
- Sie können die Kärtchen auch mit farbigen Punkten (gibt es im Bürowarenladen) bekleben. Und z. B. immer montags eine Aktivität mit einem roten Punkt machen, dienstags sind die mit den grünen Punkten dran etc.
- Sie können die Karten bemalen, bestempeln und vieles mehr.
- Lassen Sie Ihrer Fantasie freien Lauf und probieren Sie nach Herzenslust Verschiedenes aus. Alles, was Ihnen dabei hilft, sich etwas Gutes zu tun, ist ausdrücklich erlaubt!
- Wenn Sie weitere vergnügliche Ideen zur spielerischen Nutzung des Ressourcen-Pools haben, schicken Sie mir einfach eine E-Mail: gutentag@sabinedinkel.de.

One-Minute-Meditation (Basisminute)

Eine ideale Übung, um sich zu besinnen und sich ein wenig „runterzudimmen“, zeige ich Ihnen jetzt:

1. Suchen Sie sich einen Timer (z. B. Smartphone) und einen Sitzplatz, an dem Sie ungestört sind.
2. Setzen Sie sich aufrecht hin, sodass Sie sich stabil fühlen.
3. Lehnen Sie sich dabei bitte nicht an.
4. Stellen Sie Ihr Beine fest auf den Boden, sodass Ihre Fußsohlen ganzflächig aufliegen. Knie lockern.
5. Stellen Sie sich den Timer auf genau eine Minute.
6. Legen Sie Ihre Hände entspannt auf Ihre Beine.
7. Lassen Sie Ihre Schultern entspannt nach unten sinken und neigen Sie Ihr Kinn ganz leicht zur Brust.
8. Richten Sie sich sanft auf. Stellen Sie sich dazu einfach vor, dass Ihr Kopf an einem unsichtbaren Faden an der Decke aufgehängt ist.
9. Drücken Sie nun den Timer und schließen die Augen.
10. Konzentrieren Sie sich eine Minute lang nur darauf, wie sie ein- und ausatmen.
11. Achten Sie darauf, wie Ihr Atem beim Ein- und Ausatmen an den Nasenflügeln vorbeistreicht.
12. Erlauben Sie Ihrem Geist, voll in Ihren Atem zu sinken.
13. Eine Minute lang nur sitzen und atmen. Bis der Timer klingelt.
14. Wenn Ihre Gedanken abschweifen, bringen Sie sie einfach wieder zurück zum Atmen. Immer wieder.
15. Wenn der Timer klingelt, ist die Übung vorbei. Öffnen Sie die Augen, lächeln Sie und klopfen Sie sich freundlich auf die Schulter.

Diese Übung können Sie jederzeit an jedem ruhigen Ort ausführen. Sie ist so kurz, dass es jedem möglich ist, wenigstens eine Minute täglich zu meditieren. Diese Minute ist quasi wie eine Zigarettenpause – nur ohne Zigarette. Eine Minute lang dürfen Sie einfach nur *sein*, ohne etwas zu *tun*.

Ich praktiziere diese Übung inzwischen in einer erweiterten Version von maximal drei Minuten (Einstimmungsritual – Basisminute – Ausklangsritual). Auch brauche ich mir keinen Timer mehr zu stellen, da ich meine Atemzüge zähle.

Wenn Sie schon lange nach einer wirklich kurzen und wirkungsvollen Methode zur Beruhigung gesucht haben, empfehle ich Ihnen das Buch „One Moment Meditation“ von Martin Boroson. Es geht in dem Buch nur um diese kurze Mini-Intervention in all ihren Facetten, spielerisch, fundiert und praktisch. Mir gefällt vor allem, dass man dafür nichts Kompliziertes lernen muss und quasi jederzeit und überall meditieren kann.

Freundliche Stärke

Eine weitere ganz wunderbare Mini-Übung, die Sie praktisch an jedem Ort (auch unter Menschen) machen können, ist die Achtsamkeitsübung „Freundliche Stärke“. So geht's:

1. Nehmen Sie Daumen, Zeige- und Mittelfinger Ihrer Lieblingshand zusammen, sodass sich die Fingerkuppen sanft aber deutlich berühren.
2. Jetzt beginnt eine kleine Wanderung durch Ihre Sinneskanäle.
3. Achten Sie als Erstes eine Weile ausschließlich auf das, was Sie **sehen**, wenn Sie sich umschauen. Das kann ein Baum sein, die Schuhe Ihres Gegenübers in der U-Bahn oder Ihr Armaturenbrett im Auto, wenn Sie gerade im Stau stehen.
4. Anschließend achten Sie eine Weile ausschließlich auf das, was Sie **hören**: den Wind in den Bäumen, das Quietschen der U-Bahn auf den Schienen, das Hupen der Autos im Stau.

5. Als Nächstes ist das **Fühlen** an der Reihe. Spüren Sie eine Weile, was Sie fühlen: Wie der Wind durch Ihr Haar streicht, wie schwer oder leicht Ihre Tasche auf Ihrem Schoß liegt, wie sich Ihr Lenkrad anfühlt.
6. Dann kommen wir zum **Riechen**. Wie riecht es dort, wo Sie gerade sind? Riecht es nach Blüten oder nach feuchter Kleidung? Riecht es nach Ihrem Parfum oder nach Ihrem Coffee to go in der Hand? (Wenn ich nichts rieche, schnuppere ich an meinem Handgelenk, wo ich morgens immer etwas Parfum hintupfe.)
7. Als Letztes geht es um das **Schmecken**. Was schmecken Sie, wenn Sie mal bewusst die Zunge im Mundraum bewegen? Lutschen Sie gerade ein Bonbon? Schmecken Sie den Apfel, in den Sie vorhin noch gebissen haben oder den Kaugummi, der in Ihrer Wange liegt?
8. Abschließend lächeln Sie und sagen innerlich **„Freundliche Stärke“** und lösen den Griff der drei Finger.
9. Einmal tief ein- und wieder ausatmen rundet die Achtsamkeitsübung ab.

Da diese Übung zum einen sehr unauffällig und zum anderen sehr einfach ist, lässt sie sich praktisch überall einsetzen. Sogar ein langweiliges Meeting wird durch diese Übung plötzlich interessanter. Das Wichtigste: Sie schalten für eine Weile zugunsten eines einzigen Sinneskanals die anderen Sinneskanäle aus – und minimieren so die Überstimulation.

Die aufmunternde Notiz

Es gibt täglich viele Gelegenheiten, jemand eine kleine aufmunternde Botschaft zukommen zu lassen. Andere zu erfreuen, macht uns selbst meist auch zufrieden. Hier einige Anregungen:

- Legen Sie Ihrem Partner heimlich eine kleine Botschaft unters Kopfkissen, über die er sich garantiert freut, wenn er sie findet.
- Kleben Sie eine hübsche Haftnotiz auf eine Rechnung, die Sie verschicken, und schreiben Sie handschriftlich einen persönlichen Gruß drauf.
- Heften Sie im öffentlichen Waschraum einen Zettel an den Spiegel auf dem z. B. steht „Wer das liest, ist ein toller Typ!“
- Legen Sie einer Kollegin einen Zettel auf den Tisch, auf dem einfach nur steht: „Schön, dass es dich gibt.“
- Übergeben Sie der Bedienung im Restaurant beim Bezahlen ein kleines Kärtchen, auf dem steht: „Danke für Ihre nette Bedienung. Ich habe mich bei Ihnen sehr wohl gefühlt.“
- Legen Sie Ihrem Kind einen Zettel in seine Brotdose: „Lass es dir gut schmecken, Sonnenschein.“

Lassen Sie Ihrer Fantasie freien Lauf. Verschönen Sie Ihre Umgebung mit kleinen Zeugnissen Ihrer Zuneigung. Zum einen macht es diebischen Spaß und zum anderen zaubert es Menschen ein Lächeln auf die Lippen – und sorgt für eine schöne Portion Glückshormone.

Ich habe praktisch immer einen Block oder kleine Mini-Kärtchen und einen Stift bei mir, für alle Fälle.

Wichtig: Bitte nutzen Sie die kleinen Botschaften nicht in der Hoffnung, das Gleiche zurück zu bekommen. Davon sollten Sie sich bei diesem Akt vollkommen frei machen. Es geht nicht darum, das zu tun, um Selbiges zu erhalten. Wenn es passiert, umso besser. Wenn nicht, dann ist das auch in Ordnung. Einem anderen eine kleine Freude zu machen ist für uns selbst Belohnung genug.

Spieglein an der Wand

Anstatt immer wieder kritisch in den Spiegel (ganz gleich ob Waschraum, Rückspiegel oder Schaufensterscheibe) zu äugen und sich über sein Äußeres zu grämen, können wir uns dabei unterstützen, uns einfach zu akzeptieren. Genau so, wie wir gerade sind. Die meisten von uns sind es gewohnt, sich selbst gegenüber unerbittlich, überkritisch und streng zu sein. Das hilft dagegen:

- Immer wenn Sie Ihr Spiegelbild betrachten, lächeln Sie und sagen Sie zu sich „Ich akzeptiere dich voll und ganz."

Ganz egal, ob Ihnen danach ist oder nicht. Ganz egal, ob Ihre Frisur aussieht wie explodiert oder der Bauch über die Hose quillt. Wenn Sie diese einfache Technik jedes Mal anwenden, wenn Sie in den Spiegel blicken, wird die Verknüpfung von negativen Gefühlen langsam ausgehungert und die neue Verknüpfung der Selbstakzeptanz genährt. Wirklich! Es bedarf nur der regelmäßigen Übung.

Vertikale Bewegungen

Vertikale, also nach oben gerichtete Bewegungen, machen gute Laune. Außerdem machen sie munter und fördern Ihr körperliches Wohlbefinden. Es gibt viele Gelegenheiten, sich vertikal zu bewegen:

- Seilhüpfen
- Tanzen (beim Tanzen wird tatsächlich oft gehüpft)
- Trampolin springen (dabei fange ich grundsätzlich an zu kichern)
- Wie früher als Kind über eine grüne Wiese hüpfen
- Hüpfbilder fotografieren oder „Fotobombing" zelebrieren

Wenn wir beginnen, uns hüpfend zu bewegen, wird unser Körper von einer großen Dosis wunderbarer Botenstoffe durchflutet. Ebenso unser Gehirn. Die Gefahr depressiver Verstimmungen sinkt.

Optische Ruhe

Um die optische Reiz-Überflutung in Grenzen zu halten, gibt es einen einfachen Trick: Sortieren Sie nach Farben. Eines meiner Bücherregale habe ich nicht thematisch, sondern nach den Farben der Buchrücken sortiert. Eine Wohltat fürs Auge. Ebenso habe ich meinen Kleiderschrank nach Farben sortiert. Ich erfreue mich jedes Mal beim Öffnen an der Übersichtlichkeit. Wenn ich auf dem Flohmarkt verkaufe, baue ich meine Sachen manchmal nach Farben auf. Und neulich sah ich einen bunten Ostereierbaum, bei dem die Eier in einer Art Farbverlauf aufgehängt waren. Das sah richtig toll aus und war sehr beruhigend fürs Auge.

Aufladestellung

Georg Parlow beschreibt eine „Aufladestellung", die ich gerne praktiziere, wenn ich überstimuliert bin („Zart besaitet", Seite 138ff, 2003). Ich nenne sie gerne „die Halbtotale", weil ich dabei halb sitze und halb liege. Sie ermöglicht mir, mich zwischendurch schnell zu regenerieren.

- Legen Sie sich auf den Rücken.
- Kopf und Schultern stützen Sie gegen eine Lehne.
- Der Kopf ist annähernd in der Vertikalen, Kinn ist an oder nahe der Brust.
- Überkreuzen Sie die Beine an den Knöcheln, der rechte Fuß liegt über dem linken.
- Bilden Sie sogenannte „Babyfäuste", die Daumen liegen in der Faust.
- Legen Sie die linke Faust zwischen Nabel und Schambein auf Ihren Körper.

- Die rechte Hand legen Sie aufs Herz.
- **Einfacher Merksatz: Rechts liegt immer oben (Fuß und Hand).**
- Diese Stellung so lange halten, wie es für Sie angenehm ist.

Mithilfe dieser Übung kann der Spiegel des Stresshormons Cortisol gesenkt werden. Mir tut diese Haltung auf jeden Fall sehr gut.

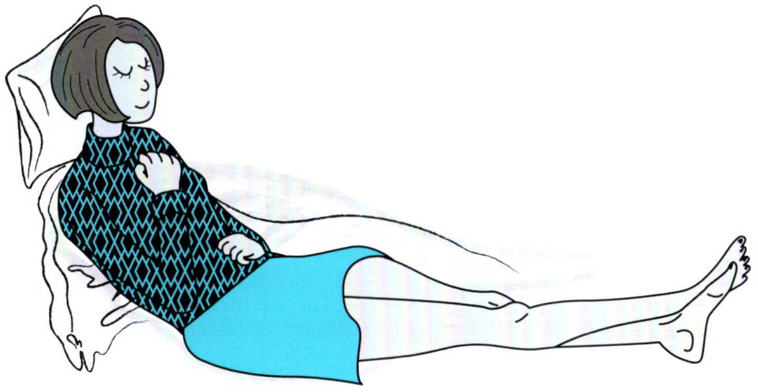

Mithilfe dieser Aufladestellung soll der Ruhenerv gestärkt und das Cortisol abgebaut werden.

Kaltes Wasser

Hochsensible reagieren bei Überstimulation meistens gereizt. Oder ihnen kommen die Tränen. Wenn ich so reagiere, weiß ich: Mir wird gerade alles zu viel. Ich laufe quasi heiß und meine Sicherungen brennen durch. Nicht immer kann ich mich dann hinlegen, Sport machen oder mich abschotten. Was mir in solchen Fällen sofort Linderung verschafft, ist kaltes Wasser.

- Entweder gehe ich zum nächsten Wasserhahn und lasse mir kaltes Wasser über die Hände und im Sommer auch über die Unterarme laufen.
- Oder ich spritze mir mit einer Flasche Wasser ein wenig kaltes Wasser ins Gesicht (toll sind auch Thermalwasser-Sprühflaschen aus der Apotheke).
- Wenn möglich, lege ich mir ein nasses Tuch in den Nacken.
- Dabei imaginiere ich, wie sich meine Reize absenken.

Das kalte Wasser hilft mir dabei, den Stress auf der körperlichen Ebene abzubauen. Kaltes Wasser hilft auch bei Wut und Traurigkeit.

Zeitreise

Diese Übung ist mir schon häufig begegnet, zuletzt in einem Buch von Ashley D. Bush, einer auf Trauerbegleitung spezialisierten Psychotherapeutin aus New Hampshire („Gelassenheit to go", Seite 144, 2014). Immer dann, wenn einen die momentanen Umstände komplett überfordern, ärgern oder ängstigen, soll man die Augen schließen, tief ein- und ausatmen und sich folgende Fragen stellen:

- Wird das in einem Jahr noch eine Rolle für mich spielen?
- In 5 Jahren?
- In 10 Jahren?
- In 20 Jahren?

Beispiele:

- Denke ich in einem Jahr noch darüber nach, ob mein Kollege mir mit seiner Selbstbeweihräucherung auf die Nerven gegangen ist?
- Wird es in 5 Jahren noch eine Rolle spielen, dass die Nebenkostenabrechnung höher ausgefallen ist, als erwartet?
- Belastet es mich in 10 Jahren immer noch, dass ich 2.000 Euro für einen misslungenen Urlaub in den Sand gesetzt habe?

Jede Situation geht irgendwann vorbei. Lohnt es sich wirklich, sich durch diese Situation von den wirklich wichtigen und schönen Dingen ablenken zu lassen? Eines Tages erinnern wir uns nicht einmal mehr daran.

Ich weiß, dass es natürlich nicht immer so leichtfällt, nur mithilfe von ein paar Reflexionsfragen von seinen Sorgen und Problemen abzulassen. Gleichwohl weiß ich durch meine Arbeit mit derlei Fragen, dass ich inzwischen vieles gelassener sehen kann, was mich noch vor einer Weile total über Gebühr beschäftigt hätte.

Mir vorzustellen, wie ich in ein paar Jahren darüber denke, gibt mir den nötigen Abstand und Weitblick für die momentane Situation. Indem ich eine Distanz aufbaue, fällt es mir zunehmend leichter, eine belastende Situation loszulassen. Probieren Sie es einfach beim nächsten Mal aus.

Sich etwas von der Seele schreiben

Angenommen, ungute Gedanken stecken wie Stacheln mit Widerhaken in Ihrem Kopf fest. Ständig kreisen sie um das gleiche Ungemach. Was in solchen Situationen helfen kann: Sich leerschreiben.

Ich erinnere mich noch gut an die Zeit, in der ich mit dem Schreiben dieses Buches beginnen wollte. Der Klassiker: Die Angst vor dem weißen Blatt. Immer wieder schob ich es auf, mit einem ersten Kapitel zu beginnen („Ich musst erst mal in den Schwung kommen, heute ist kein guter Tag dafür. Vielleicht sollte ich noch einen Schreibkurs besuchen?“), und immer wieder bekam mein schlechtes Gewissen frisches Gedankenfutter („O Mann, wenn das schon so losgeht, wie soll das erst werden, wenn du richtig Zeitdruck bekommst?“).

Zum Glück habe ich mir einen Buch-Coach genommen, der mir sowohl seelisch als auch Prozess begleitend mit einem roten Faden zur Seite stand. Er ermunterte mich zu folgender Übung:

Ich sollte innerhalb von 5 Minuten alles aufschreiben, was mich in puncto Buch belastet und was mir durch den Kopf geistert ohne Rücksicht auf geschliffene Formulierungen, ganz egal, ob es hinterher einen Sinn ergibt. Dazu sollte ich mir eine Eieruhr stellen. Beim Klingeln der Uhr würde ich prompt aufhören zu schreiben, auch mitten im Satz.

Hier kommt der Originaltext von damals, ich habe ihn tatsächlich aufgehoben. Jetzt kann ich Ihnen die Übung ganz authentisch weitergeben:

Mein damaliges Übungsergebnis:
Ich soll hier jetzt 5 Minuten alles raushauen, was mir durch den Kopf geht. Ich merke, dass ich von dem Buchprojekt ziemlich gestresst bin, sprich: es überlagert derzeit fast alle Gedanken. Andauernd gleiche ich ab, ob ich das und jenes machen kann, wenn ich doch das Buch schreiben soll. Ich denke, dass mir der rote Faden fehlt, dass ich mich ein wenig (oder mehr) wie ein Satellit am Trudeln fühle.
Immer wenn ich versuche, etwas zu beginnen, denke ich, dass mir die Struktur fehlt. Ich habe Magendruck und Probleme mit dem Luftholen. Bzw. will ich immer tief einatmen und kann es nicht, meistens nicht. Ich möchte alles gut machen, lese viel, zu viel? Und weiß nicht, wie eine sinnvolle Struktur aussehen könnte.
Dabei hab ich ein Inhaltsverzeichnis erstellt, vielleicht sollte ich mir das mal auf Kärtchen schreiben und die an ein Band heften. Das

könnte aber auch wieder zu tüdelig sein, wieder ein Stück Etwas mehr, das rumfliegt. Keine gute Idee. Ich sollte es lieber im Rechner machen, dann ist es gleich „verschick- und veränderbar". Hmmmm ...
Ich komme mir vor, wie Mister Bean, der mal aufgeregt nach links und mal nach rechts hoppelt und nix zuwege kriegt. Im Grunde mache ich mich selbst ganz verrückt.
Ich brauche ein Korsett, Leitplanken, einen verbindlichen (!) roten Faden, an dem ich mich langhangele. Wie soll das gehen? Warte ich, bis Harald mir einen schickt? Soll ich ein MindMap machen? Irgendwie habe ich darauf gerade keine Lust. Immer wieder denke ich, ich müsste Artikel darüber lesen, wie man denn einen vernünftigen Ratgeber schreibt. Andererseits sollte ich einfach mal drauflosschreiben. Schließlich gibt es eine grobe
Sabine Dinkel am 13.12.2014

Als der Wecker klingelte, war ich erstaunt, wie schnell doch 5 Minuten vorbeigegangen waren! Das Gute: Es ging mir wesentlich besser. Es war, als hätte sich ein rostiges Gewinde losgeruckelt.

Ich konnte das Geschriebene nun mit einer gewissen Objektivität betrachten, und mir wurde bewusst, dass mir schlichtweg mein perfektionistisches Denkmuster im Weg stand. Außerdem konnte ich deutlicher spüren, dass ich ziemlich viel Angst davor hatte, mich zu blamieren.

Diese Übung hilft mir auch in anderen Situationen, meinen festgefahrenen Geist zu lockern, besonders dann, wenn ich immer die gleichen Gedanken wiederkäue. Probieren Sie es doch einfach auch mal aus.

! **DIE MORGENSEITEN**

Manche von Ihnen haben vielleicht schon etwas von den berühmten „Morgenseiten" gehört, die Julia Cameron in „Der Weg des Künstlers" empfiehlt.

Hier eine kurze Anleitung:

1. Stellen Sie Ihren Wecker jeden Morgen auf eine halbe Stunde früher als normalerweise.
2. Stehen Sie auf und schreiben Sie drei Morgenseiten – handschriftlich!
3. Lesen Sie die Seiten nicht noch einmal durch.
4. Erlauben Sie auch niemand anderem, sie zu lesen.
5. Stecken Sie die Seiten am besten in einen großen Briefumschlag oder verstecken Sie sie irgendwo.

Indem Sie jeden Morgen alle Gedanken aufschreiben, die Ihnen nach dem Aufwachen durch den Kopf geistern, putzen Sie Ihre geistige Oberfläche blank und starten geklärter in Ihren Tag.

Alle „Off-Kommentare", die Ihr innerer Kritiker oder Ihr ängstlicher Zauderer für Sie bereithält, können Sie mit dem Niederschreiben auf Papier bannen – ganz gleich, ob das Geschriebene weinerlich oder griesgrämig daher kommt oder ob Sie so richtig Dampf ablassen. Auch Albträume lassen sich so besser verarbeiten. Durch das Schreiben der Morgenseiten kommt man auf bessere Ideen. Oder zu Lösungen für Probleme, die uns in Beschlag nehmen.

„Die Morgenseiten sind ein Fanghandschuh für diese Belange."

Julia Cameron

Oder wie ein seelischer Staubsauger.

Das Fokus-Modell

Dieses Modell ist sehr hilfreich, wenn man sich klären und seine Aufgaben sortieren und priorisieren möchte, quasi eine besondere To-do-Liste. Sie können das Modell nutzen, um in Ihrem Kopf ein Großreinemachen durchzuziehen und alle To-dos dort eintragen. Oder Sie nutzen sie für Ihre tägliche oder wöchentliche Selbstorganisation.

Wie ich das Modell nutze, zeige ich Ihnen an einem Beispiel:

1. Ich nehme mir ein DIN-A4-Blatt im Querformat und zeichne ein Fadenkreuz ein. Sie finden übrigens eine Vorlage unter „www.sabinedinkel.de“ unter Downloads.
2. In die Mitte kommen nur die **3** Aufgaben, die ich heute zwingend erledigen muss und werde. Manchmal sind es auch bis zu 5 Aufgaben, das ist aber die Ausnahme von der Regel. Sie müssen dann auch wirklich genau an diesem Tag fällig sein. Denn mein Ziel ist ja, selbstfürsorglich zu arbeiten.
3. In den zweiten Ring trage ich alles ein, was heute zweitrangig ist. Das sind Aufgaben, bei denen das Weglassen heute keine Konsequenzen hätte.
4. Erst, wenn ich alles aus der Mitte abgearbeitet habe, darf ich noch etwas aus dem zweiten Ring erledigen. Ich kann es aber auch bleiben lassen.
5. In den äußeren Bereich schreibe ich alles, was ich an dem Tag im Blick behalten will.

Hier ein Beispiel:

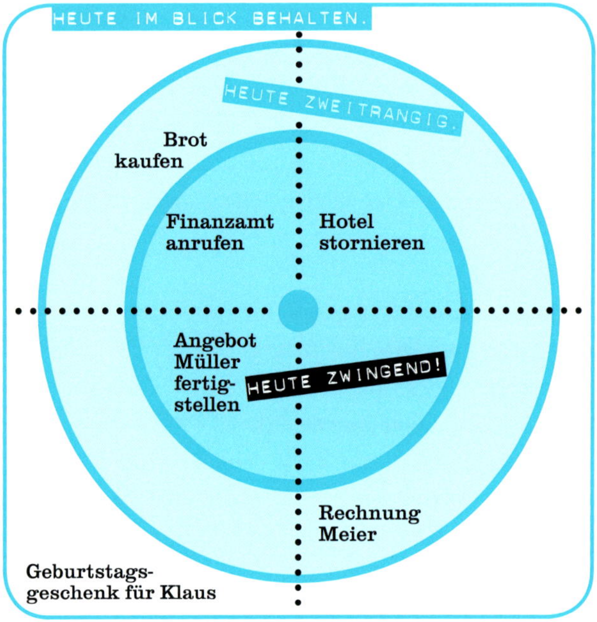

Prioritäten lassen sich hier auf einfache Art und Weise visualisieren.

Dieses Modell hilft mir, meine täglichen Aufgaben so zu planen, dass ich mir nicht zu viel vornehme. Es dient mir als visueller Filter und führt mir die Prioritäten der einzelnen Aufgaben auf einfache Art und Weise vor Augen.

Wortkosmetik

Nur allzu oft verwenden wir Wörter, die sehr negativ sind. Da wird der Tag zu einer „Katastrophe", nur weil es regnet; da gerät das Meeting zu einem „Albtraum", nur weil es so lange gedauert hat oder der Chef wird als „schrecklich" bezeichnet, nur weil er Kritik geäußert hat. Ich erinnere mich noch gut an eine Bekannte, die ihren Vormittag als

„Desaster“ bezeichnete, nur weil ihr zweimal der Bus vor der Nase weggefahren war.

All diese Begriffe machen etwas mit uns, leider nichts Gutes. Indem wir versuchen, negative Wörter aus unserem Sprachschatz zu verbannen und durch positive zu ersetzen, werden wir uns besser fühlen (andere übrigens auch). Wir schaffen Raum für positive Energie, sind optimistischer und wirken auch auf andere viel attraktiver. Selbst vermeintlich harmlose Wörter haben eine destruktive Wirkung. Ich habe ein paar Beispiele für Sie zusammengestellt:

Vorher	Nachher
Mein Job überfordert mich total und macht mich wahnsinnig.	Mein Job ist in letzter Zeit eine echte Herausforderung für mich.
Ich muss morgen unbedingt meine Steuererklärung machen.	Ich werde mich morgen der Steuererklärung widmen.
Mein Bruder hat mich am Telefon abgewürgt.	Mein Bruder hat unser Telefongespräch vorzeitig beendet.
Ich kümmere mich darum.	Ich übernehme das.
Was schlägst du vor?	Was empfiehlst du mir?
Ich bin sauer, weil du zu spät kommst.	Du bist zu spät gekommen. Was war los?
Bei mir ist derzeit alles im Umbruch.	Bei mir ist vieles in Bewegung gekommen.
Ich krieg die Krise!	Ich komme an meine Grenzen und hole Hilfe.
Ich freue mich für dich.	Ich freue mich mit dir.
Ich habe ein Attentat auf dich vor!	Ich bitte dich um einen Rat. Hast du Zeit für mich?
Hab keine Angst. Das wird schon nicht so schlimm.	Du bist gut vorbereitet. Du hast oft gezeigt, dass du das kannst.
Irgendwie schaffen wir das schon.	Wir werden das schaffen.

Es gibt wunderbare Sprachtrainings bei „www.lingva-eterna.de“, einem Aus- und Weiterbildungsinstitut, das sich mit dem bewussten Umgang mit der Sprache befasst.

Wohlfühlwörter auf der Zunge zergehen lassen

Es gibt so viele schöne Wörter, die eine positive Auswirkung auf unsere Stimmung haben. Hier einige Beispiele:

Wärme – Duft – Mut – Geborgenheit – Freiheit – Wohlgeruch – Schönheit – wunderbar – zufrieden – behutsam – Sonne – Ferien – Mußestunde – Sicherheit – dankbar – lustig – liebenswert – Sonnenstrahlen – Genuss – plätschern – Frohsinn – sanft – streicheln …

Am Ende eines Arbeitstages können Sie sich mit einem schönen Wort den Feierabend versüßen. Das Wohlfühlwort hilft Ihnen, Belastendes in den Hintergrund zu befördern. Ein Gefühl der Zufriedenheit und Dankbarkeit wird sich einstellen.

Sie können die einzelnen Wörter sanft vor sich hin sprechen, oder sie auf eine Haftnotiz kleben, sie immer wieder anschauen und sich laut vorlesen. Suchen Sie sich persönliche Lieblingswörter, die Ihnen guttun.

Meine derzeitigen Wohlfühlwörter sind:
Heiterkeit – bekömmlich – Schabernack

Solche Wörter eigenen sich besonders in anstrengenden Momenten, z. B. vor schwierigen Gesprächen; am überfüllten Schreibtisch oder nach einem langen Arbeitstag. Sie können mit so einem Wohlfühlwort auch prima in Ihren Tag starten.

Lernen, vor einer Entscheidung gut auf sich zu hören

Hochsensible tun oft Dinge, die ihren Bedürfnissen zuwiderlaufen. Manche ihrer Bedürfnisse befinden sich auch im Wettstreit miteinander. Diese 8 Leitfragen können Ihnen dabei helfen, sich besser zu entscheiden, sei es bei Veranstaltungen, bei denen Sie nicht wissen, ob Sie lieber zu- oder absagen sollen oder bei Aufgaben, bei denen Sie nicht wissen, ob Sie sie übernehmen möchten.

Ich veranschauliche es Ihnen an einem Beispiel:
Im letzten Frühjahr bekam ich eine Einladung zu einer großen Geburtstagsfeier von Freunden – die Feier sollte allerdings auf einem alten Bauernhof in Italien stattfinden.

1. Wie wohl fühle ich mich bei dem Gedanken, hier zuzusagen?

Ambivalent und unentschlossen. Einerseits würde ich unheimlich gerne dabei sein, andererseits scheue ich die weite Anreise und habe in dieser Zeit ein Buchmanuskript zu bearbeiten.

2. Was muss ich dafür zurückstellen, wenn ich hier zusage?

In der Zeit wollte ich an meinem Buch schreiben. Das könnte ich notfalls auch dort machen (nee, ich kenne mich, das mach ich eh nicht). Was mache ich mit den Hunden? Die Mittelmeerkrankheiten sind ja gerade in Italien verbreitet. Ich müsste prüfen, ob ich einen Hundesitter für die Zeit finde. Will ich das?

3. Wenn ich diese Zusage mache: Wie wahrscheinlich ist es, dass ich zu dem Zeitpunkt wirklich genug Energie und Lust dazu habe?

Ich kenne mich: Verreisen ist für mich anstrengend, alleine schon das Kofferpacken und mit dem Auto fahren (Fliegen hasse ich). Erfahrungsgemäß brauche ich ein paar Tage, um runter- und richtig anzukommen. Zugfahren ist nicht gerade günstig. Aber wenn ich dann da bin, freue ich mich allerdings.

4. Was signalisiert mir mein Körper, wenn ich an eine Zusage denke?
Ich spüre ein Magendrücken und eine innere Unruhe.

5. Was ist das Gute daran, wenn ich zusage?

Kurzfristig:
Ich hätte endlich eine Entscheidung getroffen.

Mittelfristig:
Ich käme mal wieder nach Italien, würde tolle neue Eindrücke sammeln und vor allem gute Freunde wiedersehen.

6. Was ist das Unangenehme daran, wenn ich zusage?

Kurzfristig:
Ich müsste mich jetzt um die Buchung von Anreise und Unterkunft kümmern, Hundesitter suchen und einige Termine verschieben. Dabei sollte ich gerade dringend zwei Workshops ausarbeiten.

Mittelfristig:
Ich bekomme womöglich das Buch nicht rechtzeitig fertig. Das wäre richtig Mist.

7. Was ist das Unangenehme daran, wenn ich absage?

Kurzfristig:
Ich fühle mich so unflexibel (und langweilig) und ich habe das Gefühl, etwas zu verpassen.

Mittelfristig:
Ich bringe mich um eine Italienreise und sehe meine Freunde vorerst nicht wieder.

8. **Was ist das Gute daran, wenn ich absage?**

Kurzfristig:
Ich hätte Ruhe und könnte mich auf das konzentrieren, was ich mir für Mai vorgenommen habe: mein Buch.

Mittelfristig:
Ich komme mit dem eigenen Herzensprojekt weiter und meinem Traum vom Buch endlich näher. Zudem spare ich Geld und Nerven und übernehme mich nicht.

Sie können sich auf meiner Homepage unter „Downloads“ eine Blankovorlage herunterladen.

Übrigens: Ich bin nicht nach Italien gefahren. Nachdem ich diese Entscheidung getroffen hatte, ging es mir gleich viel besser und ich konnte in dieser Zeit meine geplanten Projekte umsetzen. Denn sonst würden Sie dieses Buch jetzt nicht in den Händen halten.

Ideen-Inventur

Wer ständig auf Empfang ist, sammelt oft jede Menge Ideen und Einfälle an: gute, mittelgute und solche, bei denen es gut ist, dass sie nie umgesetzt werden.

Viele der mir bekannten Hochsensiblen leiden unter der hohen Taktzahl ihrer Ideen und Einfälle, weil es eben so viele sind und sie meinen, gar nicht alle realisieren zu können. Vor lauter Einfällen sind sie oft wie gelähmt und fangen vieles an, ohne es zu Ende zu bringen. Das macht sie oft unzufrieden – und sie zweifeln an ihren Fähigkeiten. Viele Ideen können für eine enorme Überstimulation sorgen!

Wie Sie herausfinden, ob Sie eine Idee wirklich umsetzen möchten

Wichtig ist es, seine Ideen und Einfälle grundsätzlich an einem Sammelort aufzuschreiben, denn dann sind sie erst einmal sicher und entlasten das Gedächtnis.

Mir selber geht es oft so mit meinen Ideen; oder mit Anregungen, die ich irgendwo aufschnappe. Auch ich zähle mich zu den hochsensiblen „Scannern“ (ein Begriff, der auf die Autorin und Coach Barbara Sher zurückgeht), die sich für sehr viele Dinge begeistern und sich dadurch leicht im Zuviel verzetteln.

Inzwischen bin ich jedoch sehr viel gnädiger mit mir und meinen Einfällen. Ich habe lieber zu viele Ideen als zu wenig. Wer weiß, wofür man sie mal brauchen kann. Und so schnell sie kommen, kann ich sie auch wieder verabschieden, wenn sie lediglich befriedigend sind.

> Ideen und Gedanken zu verwerfen, ist immer einfacher, als keine zu haben.
>
> *Tony Buzan*

Sprich: Grundsätzlich sollten Sie Ihre Ideen willkommen heißen. Doch sobald Ihnen zu viele Ideen das Denkvermögen drosseln, hilft Ihnen die nachfolgende „Ideen-Inventur" vielleicht genauso gut, wie sie mir hilft. Mit ihr beleuchten Sie Ihre Ideen auf einfache Art und Weise:

- Sie finden heraus, ob bei der Idee wirklich „Fleisch am Knochen" ist,
- woran die Umsetzung gegebenenfalls hakt,
- oder ob Sie sich womöglich wieder von ihr verabschieden sollten.

Inventur für Ihre Idee

	– –	–	+	++	
Im Prinzip kann ich diese Idee auch sausen lassen, so wichtig ist sie mir eigentlich nicht.					Diese Idee finde ich so toll, dass ich sie einfach umsetzen MUSS!
Die Idee umzusetzen ist mit einem Aufwand verbunden, der in keinem Verhältnis zum Nutzen steht.					Die Umsetzung hat ganz viele Vorteile für mich und andere – egal wie aufwendig das wird.
Ich spüre ein diffuses Grummeln im Bauch, wenn ich mir die einzelnen Schritte der Umsetzung vor Augen halte.					Wenn ich an die Umsetzung der Idee denke, bin ich quietschvergnügt und möchte am liebsten gleich loslegen.

	– –	–	+	++	
Für die Umsetzung des Vorhabens muss ich sehr weit aus meiner Komfortzone herausgehen.					Diese Idee passt total zu meinem Wesen, meinen Bedürfnissen und meinen Rahmenbedingungen.
Wenn ich die Idee jetzt nicht umsetze, ist sie bald schon überholt.					Diese Idee ist auch noch gut, wenn ich sie eine Weile reifen lasse.
Um die Idee in Eigenregie umzusetzen, fehlt es mir an den nötigen Fertigkeiten und an der Motivation, mir diese Fertigkeiten anzueignen.					Das, was ich für die Umsetzung der Idee brauche, kann ich richtig gut und mache es auch total gern.
Ich habe noch wertvollere Ideen als diese in meiner Sammlung, die mir mehr Spaß machen oder mehr Nutzen bringen würden.					Diese Idee toppt die meisten meiner anderen Ideen um Längen oder ergänzt sie hervorragend.
Ich befürchte, ich werde mich mit der Umsetzung schwertun und mich ganz schön anstrengen müssen.					Die Umsetzung der Idee dürfte mir sehr leicht von der Hand gehen.
Ob ich diese Idee umsetze oder nicht, im Grunde könnte ich sie auch ziehen lassen.					Ich würde es ganz bestimmt irgendwann bereuen, diese Idee nicht umgesetzt zu haben.

Je mehr Kreuze Sie links machen, desto mehr wertvolle Hinweise bekommen Sie darauf, ob Sie ein Vorhaben wirklich durchführen sollten – bzw. ob Sie es wirklich möchten.

Ein negatives Ergebnis bedeutet nicht automatisch, dass die Idee schlecht ist. Bisweilen kann es auch heißen, dass Sie sich Unterstützung holen oder dass Sie bestimmte Aufgaben besser delegieren sollten.

Wenn Ihre Ideen dann zu festen Zielen werden, macht es Sinn, sie erneut zu überprüfen:

- Ist das Ziel positiv formuliert?
- Ist es in Einklang mit meinen Werten?
- Liegt es in meiner Macht, das Ziel umzusetzen und ist es praktisch umsetzbar?
- Habe ich einen Zeitraum mit kurz-, mittel- und langfristigen Zieletappen ausgewählt?
- Ist der Erfolg messbar?

Wenn Sie alles mit Ja versehen können: Glückwunsch, dann haben Ihre Ziele gute Chancen erfolgreich umgesetzt zu werden.

KURZER SELBST-CHECK: MEIN UMGANG MIT DER REIZ-ÜBERFLUTUNG

Mit dem folgenden kleinen Test können Sie überprüfen, wie es mit Ihrem Reiz-Level aussieht.

	--	-	+	++	
Lärm macht mich mürbe, und mir will es einfach nicht gelingen, mich davor zu schützen.					Ich habe gute Strategien entwickelt, um mich vor unliebsamen Geräuschkulissen zu schützen.
Ich fühle mich unguten Umgebungsbedingungen hoffnungslos ausgeliefert und weiß einfach nicht, wie ich das ändern soll.					Von unguten Umgebungsbedingungen lasse ich mich nicht mehr so leicht aus dem Konzept bringen, da ich weiß, wie ich mir gute Rahmenbedingungen schaffen kann.
Ich fühle mich immer wieder überwältigt von einem Zuviel und einem Zugroß und habe keine Ideen, wie ich besser für mich sorgen kann.					Ich kenne und nutze gute Werkzeuge und Techniken, um komplexe Aufgaben bekömmlicher zu machen.
Ich weiß überhaupt nicht, wie ich zu sinnvollen Entscheidungen komme, ohne mich dabei zu quälen.					Ich habe mir Techniken angeeignet, die mir Entscheidungsfindungen um einiges leichter machen.

	– –	–	+	++	
Ich bin leicht ablenkbar und verzettle mich schnell im Zuviel der Möglichkeiten. Leider habe ich keine Ideen, wie ich das ändern kann.					Wenn es darauf ankommt, kann ich mich gut fokussieren und behalte mein eigentliches Ziel im Blick.
Ich weiß nicht wirklich, was gut für mich ist und habe meine Selbstfürsorge überhaupt nicht im Griff.					Ich weiß, was mir gut tut und was nicht und sorge dementsprechend gut für mich.
Ich stelle regelmäßig meine eigenen Bedürfnisse zugunsten anderer zurück und sage viel zu häufig „Ja“.					Ich kann gut für mich einstehen und bei Bedarf auch mal „Nein“ sagen, wenn mir meine eigenen Bedürfnisse wichtiger sind als die der anderen.
Ich kann mich überhaupt nicht von den Stimmungen anderer abgrenzen und werde direkt von ihnen absorbiert.					Ich kann gut erkennen, ob es sich um meine eigene oder die Stimmung anderer handelt, und lasse mich nicht so leicht davon beeinflussen.
Menschen, die komplett anders ticken als ich und fragwürdige Werte vertreten, beschäftigen und beeinträchtigen mich sehr.					Ich kann andere Menschen mit ihren Werten gut anders sein lassen und fühle mich nicht aus der Reserve gelockt.
Ich kann zwischenmenschlichen Kontakt nicht gut dosieren und lauge mich häufig dadurch aus.					Zwischenmenschlicher Kontakt macht mir Freude und ich gestalte ihn so, dass es mir dabei gut geht.

Ich würde mich freuen, wenn Sie im Anschluss an die Lektüre dieses Buches Ihre Kreuze um ein bis zwei Punkte mehr rechts machen oder Sie zumindest Ihre Optimierungsfelder besser eingrenzen könnten.

Alle Themen, bei denen Ihre Kreuze zur linken Seite tendieren, verdienen Ihr besonderes Augenmerk. Für alle Themen, bei denen Sie die Kreuze ganz rechts gemacht haben, können Sie sich schon mal anerkennend auf die Schulter klopfen.

Manche Themen lassen sich am besten durch vertiefende Lektüre, Fortbildungen oder eine einfühlsame Begleitung durch einen Therapeuten oder Coach bearbeiten.

Es macht Sinn, dass Sie sich erst mal auf den Punkt begrenzen, der Ihnen am schwersten fällt. Bitte kümmern Sie sich nur um eine bis maximal zwei Änderungen gleichzeitig, sonst überfordern Sie sich. Und das lässt Sie wieder überreizen.

Und wenn es mit der Selbstfürsorge mal wieder nicht geklappt hat – ja, das passiert und ist zutiefst menschlich – seien Sie bitte freundlich zu sich, halten inne und machen eine wertfreie Analyse:

- Was hat ermöglicht, dass ich die Vorzeichen ignoriert und reiztechnisch wieder in den roten Bereich gelangt bin?
- Wo klemmt es noch in meinem System?
- Welche gedeihliche Handlung gönne ich mir heute, um seelisch und körperlich frische Energie zu tanken?
- Was würde mir eine gute Freundin raten, wenn Sie in meiner Situation wäre?

Eine hilfreiche Kombination:
Auf der einen Seite gilt es, gut mit den eigenen Kräften hauszuhalten. Auf der anderen Seite sollten wir darauf achten, dass wir unsere eigene Widerstandsfähigkeit in kleinen machbaren Schritten stärken.

NOCH EINE KLEINE METAPHER ZUM ABSCHLUSS

!

Ein Sturm ist nicht die richtige Zeit, die Segel zu flicken.

Schritt 1:
Erst mal den Hafen ansteuern (schnelle kleine Notfall-Übungen praktizieren, z. B. 4-6-8-Atemtechnik).

Schritt 2:
Ruhigen Seegang abwarten (bis der Reiz-Haushalt wieder ausgeglichen ist).

Schritt 3:
Dann erst die Löcher flicken (tiefer gehende Veränderungen umsetzen).

DANKESGRÜSSE

An dieser Stelle danke ich ganz besonders meinen heimlichen Hintermännern und -frauen, die mir neben Hirn, Herz und Verstand ihre wertvolle Zeit geschenkt haben.

Ehemann, Kritiker und Seelenpartner: Alexej Lachmann, der mir als extrovertierter „Nicht-HSP“ mit großer Geduld und wunderbarem Humor, wenn auch geräuschvoll Möhren knabbernd, jederzeit hervorragend den Rücken gestärkt hat.

Adleraugen, Strukturgeber und Motivatoren: Mein „Buch-Coach“ Harald Strauß, der mir auch über 700 Kilometer hinweg per Skype, E-Mail und Telefon ermutigend zur Seite stand. Und meine Lektorin Esther Gabler, die total wertschätzend und feinfühlig für den letzten Schliff gesorgt hat.

Probeleser/-innen: Die wunderbare Diplom-Psychologin Doris Jäger, die das Geschriebene nicht nur kollegial wertschätzend, sondern auch fachlich inspiziert hat. Meine Freundin Simone Plaschke, selber bekennende HSP und leidenschaftliche Bloggerin, die mir ihr aufmunterndes Feedback gespendet hat. Und ganz besonders Klaus Albers auch bekannt als „Oktoklaus“, der von Anfang (Konzept) bis Ende (Manuskript) sämtliche „Lesehäppchen“ nebst „Lesekrümeln“ verspeist und mir stets wertvollen Input von der „Non-HSP-Seite“ geliefert hat – und der ebenfalls virtuos bloggt. Er war zugleich mein schärfster Kritiker.

Offene Sinne: Meine Freundin und Bloggerin Julia Arff, die mir immer wieder Auge und Ohr geschenkt und mir in Phasen des „schreiberischen Overloads“ gut zugeredet hat.

Bildgeber: Immo Hagemann, der begnadete Grafik-Designer meines Vertrauens, der die von mir vorgeskribbelten Illustrationen wunderbar adaptiert und feingeschliffen hat. Und seiner Frau Wiebke (die auch gleichzeitig meine langjährigste Freundin ist), die ihm und mir den Rücken gestärkt hat.

Wegbereiterin: Meine wunderbare Kollegin Natalie Schnack, die mir zur richtigen Zeit die alles entscheidende Frage stellte: „Hättest du eigentlich Lust, ein Buch zum Thema HSP zu schreiben?"

Input-Spender: Autor und Redner Prof. Dr. Gunter Dueck, der mir großzügig und unbürokratisch seinen Artikel „Highly Sensitive!" zur Verfügung gestellt hat. Schreibnudel Gitte Härter, bei der ich allerhand schweißtreibende (und hochwirksame) Schreibkurse absolviert habe, um mich auf dieses Buch einzuschwingen. Die sympathische Bloggerin Julia Bender, die mich quasi rund um die Uhr mit ihren schön geschriebenen Blogbeiträgen und dem Begriff „multipassioniert" versorgt hat. Die spannenden Autoren aus meinem Literaturverzeichnis, deren Geschriebenes ich mit großem Gewinn gelesen habe.

Vorschusslorbeeren-Spender: Mark Wachsmann vom humboldt Verlag, der eine absolut angenehme und wertschätzende Zusammenarbeit ermöglichte und mir immer so freundlich-humorvolle E-Mails geschrieben hat.

Meine Klienten: Alle die, die mir ihr Vertrauen geschenkt haben und noch schenken. Und namentlich die, die mir im Vorfeld verraten haben, was sie zum Thema HSP gerne lesen würden: Aino-A. G., Annika G., Andreas Jackel, Antje B. und Andreas N., Bärbel Pflugbeil, Christine S., Gabriele Kück, Ines Jabs, Ines Hennenberg, Kristina, Meike H., Natalie P., Petra Madler, Rebecca Ehlers, Regine W., Sonja Off, Susanne Schlabes, Tatjana Walbaum, Tessa Lorenz, Verena B., Verena M., Volker Höinghaus. Auch, wenn ich nicht alle eure Wünsche umsetzen konnte, hat mir euer Input sehr geholfen.

Und: Natürlich Sie, als Leser dieses Buches. Es war mir ein Vergnügen, für Sie zu schreiben.

ÜBER DIE AUTORIN

Die gebürtige Hamburgerin Sabine Dinkel lebt und arbeitet als Business Coach und Dozentin in Hamburg und Mecklenburg.

Zuvor war sie in einem internationalen Konzern als Personalreferentin tätig. Als gelernte Tischlerin und Kauffrau liegen ihr pragmatische und alltagstaugliche Lösungen besonders am Herzen. Im Laufe ihrer Praxis hat sie in der Beratung von hochsensiblen Klienten eine Spezialisierung entwickelt, auf die der vorliegende Text genauso aufbaut wie auf ihre eigene Erfahrung als hochsensibles und „multipassioniertes" Individuum.

Sabine Dinkel bietet Workshops und Coachings für Hochsensible an, insbesondere zur „bekömmlichen Selbstorganisation", „Mind-Mapping" und der Gestaltung eines geglückten Alltags. Dabei nutzt sie gerne humorvolle Visualisierungen, die sie auch in Workshops vermittelt. Als Gründer-Coach begleitet sie frisch gebackene Existenzgründer und Menschen in beruflichen Umbruchsituationen dabei, sich wesensgemäß zu positionieren. Unterstützt wird sie von zwei freundlichen Basset-Damen.

VERTIEFUNG

Weiterführende Literatur

Ankowitsch, Christian (2015): Warum Einstein niemals Socken trug. Reinbek: Rowohlt Verlag

Aron, Elaine N. (2005): Sind Sie hochsensibel? München: mvg-Verlag

Dies. (2014): Hochsensible Menschen in der Psychotherapie. Paderborn: Junfermann Verlag

Dies. (2014): Sind Sie hochsensibel? Das Arbeitsbuch. München: mvg-Verlag

Dies. (2006): Hochsensibilität in der Liebe. München: mvg-Verlag

Boroson, Martin (2013): One Moment Meditation. Bielefeld: J. Kamphausen Verlag

Brackmann, Andrea (2005): Jenseits der Norm – hochbegabt und hoch sensibel? Stuttgart: Klett-Cotta Verlag

Bush, Ashley (2014): Gelassenheit to go. München: Knaur MensSana

Cameron, Julia (2007): Der Intensivkurs zum Weg des Künstlers. München: Knaur MensSana

Eggler, Anitra (2012): E-Mail macht dumm, krank und arm. Zürich: Orell Füssli Verlag

Harke, Sylvia (2014): Hochsensibel – Was tun? Petersberg: Verlag Via Nova

Hensel, Ulrike (2013): Mit viel Feingefühl. Paderborn: Junfermann Verlag

Hund, Patrick (2014): Kopfsache – liebe den Introvertierten in dir. Selbstverlag

Löhken, Sylvia (2012): Leise Menschen – starke Wirkung. Offenbach a. M.: Gabal

Dies. (2014): Intros und Extros. Offenbach a. M.: Gabal

Parlow, Gehorg (2003): Zart besaitet. Wien: Festland Verlag

Pfeifer, Dr. med. Samuel (2012): Der sensible Mensch. Holzgerlingen: SCM Hänssler

Preißmann, Dr. Christine (2012/2014): Asperger. Leben in zwei Welten. Stuttgart: Thieme Verlag

Riemann, Fritz (2003): Grundformen der Angst. München: Reinhardt Verlag

Roediger, Eckhard (2009): Raus aus den Lebensfallen. Paderborn: Junfermann Verlag

Schnack, Natalie (2014): Leise überzeugen. Hannover: humboldt

Schorr, Brigitte (2011): Hochsensibilität: Empfindsamkeit leben und verstehen. Holzgerlingen: SCM Hänssler

Sher, Barbara (2008): Du musst dich nicht entscheiden, wenn du tausend Träume hast. München: Deutscher Taschenbuch Verlag

Sellin, Rolf (2014): Bis hierhin und nicht weiter. Wie Sie sich zentrieren, Grenzen setzen und gut für sich sorgen. München: Kösel-Verlag

Skarics, Dr. Marianne (2007): Sensibel kompetent. Zart besaitet und erfolgreich im Beruf. Wien: Festland Verlag

Spork, Peter (2014): Wake up! München: Carl Hanser Verlag

Tomschi, Petra (2014): Das Vielfühler Buch Hochsensibilität. Selbstverlag.

Trappmann-Korr, Birgit (2014): Perlen der Stille. Kirchzarten: VAK Verlag

Unter, Hans-Peter; Kleinschmidt, Carola (2014): Das hält keiner bis zur Rente durch. Damit Arbeit nicht krank macht: Erkenntnisse aus der Stress-Medizin. München: Kösel-Verlag

Weber, Alexander (2014): Darf's ein bisschen weniger sein?! Hochsensible Patienten in der Pflege. München: GRIN Verlag

Zum Weiterklicken

Aron, Elaine N.: The Highly Sensitive Person. http://www.hsperson.com (13.05.2015)

Bender, Julia (2014): Hochsensibel und multipassioniert. Blog. https://hochsensibel1753.wordpress.com (13.05.2015)

Dietrich, Gilbert (2009): Geist und Gegenwart. Blog. http://www.geistundgegenwart.de (13.05.2015)

Freundeskreis für hochsensible Menschen (o. J.): http://www.treffpunkt-hochsensibilität.de (13.05.2015)

Informations- und Forschungsverbund Hochsensibilität e.V.: http://www.hochsensibel.org (13.05.2015)

Weiterführende Artikel

Altmann, Erik/Heion, Andy/McGlashen, Andy (2013): Brief interruptions spawn errors. In: http://msutoday.msu.edu/news/2013/brief-interruptions-spawn-errors/(13.05.2015)

Bundesanstalt für Arbeitsschutz und Arbeitsmedizin (2012): Bitte nicht stören! Tipps zum Umgang mit Arbeitsunterbrechungen und Multitasking. PDF-Datei. (13.05.2015) http://www.baua.de/de/Publikationen/Broschueren/A78.pdf;jsessionid=70239141E8BC305A19C8D494312C8BEB.1_cid353?__blob=publicationFile&v=16

Dobelli, Rolf (2011): Vergessen Sie die News! Schweizer Monat 984, März 2011, S. 14-23.

Dueck, Gunter (2005): Highly Sensitive! In: Informatik Spektrum, Band 28, Heft 2/2005, S. 151-157.

Kuratorium Gutes Sehen (2015): Besser sehen mit der Bildschirmarbeitsplatzbrille. Pressemitteilung. http://www.sehen.de/newsroom/besser-sehen-mit-der-bildschirmarbeitsplatzbrille/#more-1495 (13.05.2015)

Online-Portal mit Informationen zum Thema Hochsensibilität

Der 2007 in Bochum gegründete gemeinnützige „Informations- und Forschungsverbund Hochsensibilität e.V." (IFHS e.V.) bietet auf seinem Server www.hochsensibel.org eine Fülle weiterer Informationen zu den in diesem Buch behandelten Ratschlägen für hochsensible Menschen.

In schlichter, sachlicher Aufmachung liefert dieses Online-Portal wichtige Informationen wie

- eine kommentierte Literaturliste mit Links zu Buchrezensionen, Aufsätzen und Erfahrungsberichten,
- Vorstellung von Forschungsergebnissen,
- Kontaktdaten vor Ort mit Privatpersonen, Gesprächskreisen und professionellen therapeutischen Angeboten in Deutschland,
- Linklisten und Informationen speziell zu hochsensiblen Kindern und Jugendlichen, sowie
- eine Bibliografie wissenschaftlicher Veröffentlichungen.

Außerdem gibt es auf der Website die Möglichkeit die Mitgliederzeitschrift „Intensity" kostenfrei herunterzuladen.

Neben der Sammlung und Aufbereitung von Informationen unterstützt der Verein auch zum Thema forschende Wissenschaftler und fördert lokale Initiativen wie die Gründung von Gesprächskreisen. Gegen einen geringen Jahresbeitrag kann man Mitglied werden.

Volle Leistung durch Erholung

- Pausen effektiv nutzen und Stress vorbeugen
- Bewährtes Konzept vom Top-Mentalcoach Peter Solc
- Praktisch und alltagstauglich: Schluss mit Stress, Erschöpfung und Hamsterrad

Auch als eBook erhältlich

Peter Solc

Die TIME-OUT-Taktik

2014. 224 Seiten, 14,5 x 21,5 cm, Broschur
ISBN 978-3-86910-505-5
€ 19,99 [D]/€ 20,60 [A]

Stand 2016. Änderungen vorbehalten.

humboldt

Bibliografische Information der Deutschen Nationalbibliothek
Die Deutsche Nationalbibliothek verzeichnet diese Publikation in der Deutschen Nationalbibliografie; detaillierte bibliografische Daten sind im Internet über http://dnb.ddb.de abrufbar.

ISBN 978-3-86910-514-7 (Print)
ISBN 978-3-86910-530-7 (PDF)
ISBN 978-3-86910-531-4 (EPUB)

Die Autorin: Sabine Dinkel coacht seit über 15 Jahren Menschen in fordernden Situationen und Umbruchphasen. Hochsensible Personen schätzen die Hilfe von Sabine Dinkel, weil sie im Coaching einen sehr pragmatischen und verständlichen Ansatz verfolgt und damit für Hilfe im Alltag sorgt. Sie kennt die Probleme von Hochsensiblen aus eigener Erfahrung und kann daher einfühlsam und mit einem Augenzwinkern Lösungen bieten, die auch wirklich funktionieren.

Originalausgabe

© 2016 humboldt
Eine Marke der Schlüterschen Verlagsgesellschaft mbh & Co. KG,
Hans-Böckler-Allee 7, 30173 Hannover
www.schluetersche.de
www.humboldt.de

Autorin und Verlag haben dieses Buch sorgfältig geprüft. Für eventuelle Fehler kann dennoch keine Gewähr übernommen werden. Alle Rechte vorbehalten. Das Werk ist urheberrechtlich geschützt. Jede Verwertung außerhalb der gesetzlich geregelten Fälle muss vom Verlag schriftlich genehmigt werden.

Lektorat:	Esther Gabler, Steinenbronn
Covergestaltung:	Kerker + Baum Büro für Gestaltung, Hannover
Coverabbildung:	Fotolia.com: Sandra Thiele, Eflstudioart iStockphoto.com: mightyisland
Illustrationen:	Immo Hagemann
Layout:	Sehfeld, Hamburg
Satz:	PER Medien & Marketing GmbH, Braunschweig
Druck und Bindung:	Grafisches Centrum Cuno GmbH & Co. KG, Calbe